Aktuell Marx

マルクスのアクチュアリティ

Die Bedeutung Marx zu lesen

マルクスを再読する意味

植村邦彦［著］

新泉社

マルクスのアクチュアリティ●目次

I　マルクスのアクチュアリティ

Ⅳ　二一世紀のマルクス論

装幀　勝木雄二

I
マルクスのアクチュアリティ

1861年のマルクス

第一章　二一世紀にマルクスを再読する意味

一　一九世紀のマルクス

二一世紀のマルクスは、二〇世紀のマルクスではなく、むしろ一九世紀のマルクス（Karl Marx, 1818–1883）でなければならない。そう私は考えている。

二〇世紀のマルクスは、マルクス主義の創始者、疑うべからざる権威、として祭り上げられたマルクスだった。マルクスが発見した「人間の歴史の発展法則」に依拠した「科学的社会主義」は「世界史的必然性」を認識している理論であって、マルクスを読むことはその世界史的な「正しさ」を自分も共有するための基礎的な作業だ、という了解が一方で成立していたのが、ロシア革命以後の二〇世紀だった、と言ってもいい。他方では、共産主義を基礎づける反自由主義的な間違った理論の提唱者という正反対の意味においてではあるが、もう一人のマルクスも、やはりマルクス主義の創始者として祭り上げられた存在だった。そのようないわば左右対照形の二つのマルクス像が、世界的規模でも、あるいはそれぞれの国内でも、鏡像のように向かい合っていたのが、冷戦体制に制約された二〇世紀の思想構造だったのである。ソヴィエト連邦や東欧社会主義圏が瓦解し、冷戦体制が解体するとともに、マルクスをそのようなものとして読む了解の仕方もまた解体したが、それによって歴史的存在としてのマルクスの思想そのものが意味を失ったわけではない。

一九世紀を生きていた現実のマルクスは、どちらの意味でも二〇世紀にそうだったような思想的権威ではなかった。一八一八年にドイツ（当時のプロイセン王国領トリーア）に生まれたマルクスだが、二五歳ですでにドイツの地を後にし、二〇代後半にはフランスとベルギーで、そして三〇代以降はロンドンで、革命の志を抱きつつも経済的にも政治的にも不遇感を募らせながら暮らしていた、一亡命ドイツ人にすぎなかった（ただし、後にイギリスの市民権を取得する）。そして亡命以来ずっと期待し続けたヨーロッパの革命を目にすることもなく、一八八三年にロンドンで生涯を終えた。

先の見通せない時代の中で、思想的にも実践的にも試行錯誤を繰り返していたマルクス。答えを見つけだした（とみなされた）完了形のマルクスではなく、答えを見つけだそうと苦闘していた現在進行形のマルクス。そのような歴史の中でのマルクスの試みを追体験することにこそ、今なおマルクスを読む意味があると思う。学ぶべきは、結論そのものではなく、結論を導き出す方法なのである。

マルクスとは何者だったのか。職業は何だったのか、といえば、ジャーナリストだということになるだろう。目の前で日々展開する政治的事件、経済の動向、思想的対立を、どのように理解し、どのようなものとして人々に説明し伝えるか、それが仕事である。マルクスが同時代の他のジャーナリストと異なるのは、日々の事件の背後に、あるいは根底に、個々の人間の思惑や行動を超えた客観的な社会的構造が存在する、という確信をもっていたことにある。そして、日々の実践の指針を得るためには、そのような社会的構造を研究し分析し認識しなければならない、という問題意識をもっていたことにある。それが、「唯物論的」という形容詞で表現されることになる、マルクスのものの見方なのである。

二　ジャーナリストとしてのマルクス

そのような見方は、かなり早い時期に確立している。マルクスが地元『ライン新聞』でジャーナリストとしての活動を始めるのは一八四二年（二四歳のとき）だが、パリに移ってから一八四五年に出版したはじめての著書『聖家族』では、すでに次のような形で自分の考え方を表明している。

「この、またはあのプロレタリアートが、あるいはプロレタリアート全体さえもが、さしあたり何を目標として思い浮かべているか、が問題なのではない。問題なのは、プロレタリアートが何であるのか、またプロレタリアートがこの存在に応じて歴史的に何をせざるをえないか、ということである。プロレタリアートの目標と歴史的行動は、それ自身の生活状況の中にも、現在の市民社会の組織全体の中にも、明白に取り消しようがなく示されている」(Marx [1845a] S. 38. 三四頁)。

この時点でマルクスは、すでに「プロレタリアート」と呼ばれる労働者たち、相続するほどの資産ももたず日々の生活費獲得に追われている労働する庶民たちこそが、社会の変革を担う集団的存在だという見当をつけている。それは一種の哲学的直感なのだが、まだ「答え」ではない。そしてマルクスは、彼ら労働する庶民たちが何を感じ、何を考えているか、何を求めているか、ということそれ自体ではなく、彼らが意識することなしに何をするほかない状況に置かれているか、ということを認識しなければならない、と言うのである。この文章にもあるように、それを認識するための手がかりは、プロレタリアートの「生活状況の中に、現在の市民社会の組織全体の中に」求められなければならない。だからこそ、「現在の市民社会の組織全体」の解剖が彼のライフワークとなるのである。

このような立場の表明は、その後も繰り返し行われている。たとえば、一八五二年の『ルイ・ボナパルトのブリュメール一八日』では、マルクスは、一八四八年の二月革命以後のフランス国民議会における政治的な党派闘争について、次のように述べている。

「私生活においては、ある人間が自分について考えたり言ったりすることと、彼が現実にどういう人間で何をするかということとは、区別されるのと同じように、歴史的闘争においてはそれ以上に、諸党派の決まり文句や思い込みと、彼らの現実の組織や現実の利害とは区別されなければならないし、彼らの想像と彼らの現実とは区別されなければならない」(Marx [1852a] S. 122. 五八─五九頁)。

このころのマルクスは、アメリカの新聞『ニューヨーク・デイリー・トリビューン』のロンドン特派員として論説記事を書くことで生活の糧を得ていたのだが、同じ一八五二年の新聞論説「イギリスの選挙──トーリ党とウィッグ党」では、イギリス議会における政党政治の意味が、次のように説明されている。

「彼ら［ウィッグ党］がかつて何を信じていたか、また彼らが自分の性格について現在他の人たちにどう信じてもらいたく思っているか、ではなく、歴史的な事実として彼らは何者なのか、彼らは何をやっているのか、ということの方が、われわれにはより合点がいく」(Marx [1852b] S. 318. 三三一頁)。

一見すると華々しい国会での政党間の対立、党首間の論戦、銀行「改革」や税制「改革」といった具体的な政策をめぐる論争。それらの歴史的意味を理解するためには、つまりそのような政策の選択の違いが社会の仕組みや人々の生活をどう変えていくかを長期的な視点に立って判断するためには、政治家たちが何を言っているのか、どう信じてもらおうとしているのか、ではなく、「歴史的な事実として」彼らが実際に何をしているのかを明らかにしなければならない。言い換えれば、政治的諸党派の「現実の組織や現実の利害」が「現在の市民社会の組織全体の中」にどのように位置づけられるかを明らかにしなければならない。それが、ここでマルクスが主張していることだ。

そしてそれは、実は、普通の人々が日常生活の中で実践していることとそれほど違うことではない。「私生活においては、ある人間が自分について考えたり言ったりすることと、彼が現実にどういう人間で何をするかということとは、区別される」。自分のことは自分が一番よくわかっているとはかぎらない。自分は親切な人間だと言いながら、平気でひどいことをする人間は珍しくない。口先できれいごとを言う人間をそのまま信用しないのは、普通の人々の生活の知恵だが、政治家や思想家についてもそれと同じことなのだ。人間が主観的に望むこととは別に、彼や彼女の実際の行動を制約する現実の仕組みというものがあるのだ、とマルクスは言うのである。

注意しなければならないのは、このどちらの文章でも、マルクスが明らかにしようとしているのは、議会における政党間の対立の意味だということである。この時点では、フランスでもイギリスでも「プロレタリアート」、つまり階級としての労働者を代表する政党は議会内には存在していない。それは、労働者はまだ政治的な「階級」としては存在していないというのと同じことである。この時代には、フランスでは正統王朝派とオルレアン派と共和派が、イギリスではトーリ党とウィッグ党が議会で華々しい論戦を繰り広げているのだが、それらはすべて、広い意味でのブルジョアジー（土地や工場・店舗などの資産所有者たち）内部でそれぞれに利害関係を異にする階層を代表する党派である。そして一八五七年の新聞論説「パーマストン内閣の敗北」での言葉を借りれば、政権交代や政策転換が行われる場合に「議会機構の動きを決定したのはこれら党派間の摩擦であった」(Marx［1857a］p. 213. 一三五頁)。つまり、ここでマルクスは、政権交代や政策転換として表現されるブルジョアジー内部の党派間闘争の意味を、それぞれの党派の「現実の組織や現実の利害」に即して説明しようとしているのである。なぜなら、それをどう理解するかによって、「階級」へと生成しようとしている労働者たちにとってさしあたり何をしたらいいのか、「何をなすべきか」が違ってくるからだ。

三　イデオロギー批判の方法

これらの例からわかるのは、マルクスの「唯物論的」な歴史観は、これまで一部で誤解されてきたように、現状をすべて「ブルジョアジー対プロレタリアートの階級闘争」に還元してあらゆるものの背後にそれを「発見」し、「世界史的必然性」の貫徹を自己満足的に確認する、という「金太郎飴」的な歴史観ではない、ということだ。むしろ、議会における二大政党間の争いのような政治的表舞台で演じられる闘争の意味を、日々の変化に即して、そして「彼らの想像と彼らの現実とを区別」することによって解読しようとする、言葉の厳密な意味で「論説委員」的なものの見方なのである。

それはまた、社会的構造による決定論でもない。自らの「唯物論的な方法」について、マルクス自身が『資本論』の中で次のように説明しているからだ。

「分析によって宗教的な幻像の現世的な核心を見いだすことは、その逆に、その時々の現実の生活諸関係からその天国化された諸形態を展開することよりも、実際はるかに容易である。後の方が、唯一の唯物論的な、したがって科学的な方法である」(Marx [1867] S. 303. 四八七頁)。

つまり、「彼らの想像」の背後にはこのような「彼らの現実」がある、と指摘するだけではだめなのだ。彼らの「その時々の現実の生活諸関係」がなぜ、どのようにして「彼らの想像」を生み出しているのか、その仕組みと過程を明らかにして展開することこそが、「唯一の唯物論的な方法」だというのである。

この文章からもわかるように、マルクスが初期から晩年まで一貫して持ち続けたテーマはイデオロギー批判であり、イデオロギーを社会的構造の側から「説明」しなければならないという問題意識なのである。後にエンゲルス(Friedrich Engels, 1820-1895)によって「唯物論的歴史観の定式」と呼ばれることになった一八五九年の『経済学批判』序言で述べられていることも、すでに繰り返し表明された見方と大きく異なるものではない。

「ある個人が何であるかは、その個人が自分自身のことをどう思っているかによって判断されないのと同様に、このような変革の時期をその時期の意識から判断することはできないのであって、むしろこの意識を物質的生活の諸矛盾から、社会的生産諸力と生産諸関係との間に現存する衝突から説明しなければならない」(Marx [1859] S. 101. 六―七頁)。

そうすることができるためには、「その時々の現実の生活諸関係」を分析し、そこにどのような「諸矛盾」が存在するのかを明らかにしなければならない。市民社会の解剖と経済学批判の作業を続けなければならない。そして、その成果を再びイデオロギー批判へとフィードバックし、実践の指針を再構築しなければならない。歴史的状況が変化していくものであるかぎり、この反復作業に終わりはないし、最終的な答えはないのだ。一九世紀のマルクスとは、そのような終わりのない、いわば永遠に未完成であるほかはない作業に従事して、悪戦苦闘を続けていた理論家にしてジャーナリストだったのである。

四　二一世紀のマルクス

二一世紀にマルクスを再読する意味とは、そのようなマルクスの「唯物論的な方法」に改めて学ぶことにほかならない、と私は考えている。最近では、「ブルジョアジー対プロレタリアート」を「〈帝国〉対マルチチュード」という図式に置き換えることや、「いま、コミュニズムを生きるとは」と問うことが、マルクス論の一つの流行のようだが、そこに見られるのは、むしろ二〇世紀的な「大きな物語」への郷愁ではないだろうか。つまり、「世界史的必然性」を認識できる（と信じられる）理論に依拠することによって、その世界史的な「正しさ」を自分も共有したいという欲望の、形を変えた反復ではないだろうか。これらについては、後の章（特に第六章と第十二章）で改めて詳しく論じることにするが、そのような新しい図式が再び還元論や決定論に陥ったり、ユートピアの構想へと向かったりする危うさは否定できないように思う。

ジョン・ベラミー・フォスターは『マルクスのエコロジー』の中で、「唯物論」とは世界の「目的論的な説明に反対する」（Foster［2000］p. 3. 一九頁）ものであること、そしてマルクスがすでに学生時代にエピクロスの「非決定論的な唯物論に深く影響された」(*ibid*., p. 256. 三九九頁)ことを強調している。「目的論」とは世界を創造した神の意図についてのキリスト教的思考の産物だが、フォスターによれば、二〇世紀のマルクス主義もそれがもつポジティヴィズム(実証主義・実定主義)のために「一面的で目的論的な進化観」(*ibid*., p. 247. 三八七頁)を免れることができなかった。つまり、二〇世紀のマルクス主義は一種の神学大系と化してしまったというのがフォスターの判断である。

神学としてのマルクス主義は、一方では、すでに「正しい」結論を得た信仰者に対して日々の宗教的安心を与える。「プロレタリアート」が勝利することは「世界史的必然」であり、すでに「決定」され「約束」されたことであって、そうだとすれば、日々の政治的・経済的事件に一喜一憂する必要はないからである。それは、他方では、スコラ学(中世キリスト教神学の文献解釈学)と同様の文献解釈学を生み出す。必要なのは、日々の変化に対応して現実の分析を繰り返し行うことではなく、厳密なテクスト解釈を通してその一貫した「正しさ」を再確認することにすぎなくなるからである。二〇世紀のマルクスのイメージを形づくったのは、そのような解釈学だった。

目的論や還元論、「世界史的必然性」といった言説は、一種の判断停止であり、具体的な状況に対応する実践の多様な可能性を阻害することによって、むしろ現状維持に貢献する思考だと言うこともできるかもしれない。それに対して、「現在の市民社会の組織全体/その時々の現実の生活諸関係」の分析を通して多様な可能性を探る「非決定論的な」態度こそ、私たちがいま一九世紀のマルクスの中に読みとるべきものなのではないだろうか。

第二章　「世界を変革すること」と「解釈すること」

一　「世界を変革すること」

『フォイエルバッハに関するテーゼ』の第十一テーゼは、たぶんその短さと歯切れの良さによって長く愛好されてきた。マルクスに関心をもったことのある人なら、だれでも一度は引用文という形でどこかで目にしたことがあるはずである。

「哲学者たちは世界をさまざまに解釈してきたにすぎない。重要なのは世界を変革することだ。Die Philosophen haben die Welt nur verschieden *interpretiert*, es kömmt drauf an, sie zu *verändern*.」

この『テーゼ』というのは、マルクスが一八四五年の春にノートに書き留めていた一種のメモである。当時二六歳のマルクスは、ベルギーのブリュッセルで在外ドイツ人の革命運動にかかわりながらジャーナリストとしての活動を続けていた。その中で、それまで自分に大きな思想的影響を与えてきたヘーゲル左派の哲学者ルートヴィヒ・フォイエルバッハ（Ludwig Feuerbach, 1804-1872）の「唯物論」に対する態度表明を、「フォイエルバッハについて *ad Feuerbach*」と題した覚え書きの形で書き残したのが、この文章である。

この文章が「マルクスのフォイエルバッハ論 *Marx über Feuerbach*」という表題で公表されたのは、マルクス死後の一八八八年のことだった。エンゲルスの著書『ルートヴィヒ・フォイエルバッハとドイツ古典哲学の終結』（一八八六年の雑誌論文の校訂単行本）への付録という形で、である。その際にエンゲルスは次のようなコメントを付けた。「私はマルクスの一冊の古いノートの中に、フォイエルバッハに関する十一のテーゼを見つけた。それは後で仕上げるための覚え書きであり、あわただしく書きつけられたものであって、印刷するつもりのものではけっしてないが、新しい世界観の天才的な萌芽が記録されている最初の文書として、はかり知れないほど貴重なものである」（Engels［1888］S. 264. 二六八頁）。この「覚え書き」が『フォイエルバッハに関するテーゼ *Thesen über Feuerbach*』と呼ばれるようになり、「マルクス主義の古典」となるのは、それ以後のことである。

このときエンゲルスは、マルクスの原文に少し手を加えたものを発表したのだが、マルクスの原文そのものは、一九二四年にモスクワのマルクス・エンゲルス研究所が発行した『マルクス・エンゲルス・アルヒーフ』第一巻で初めて公表された。それほど長いものではないので、この『テーゼ』の全文を紹介しておこう。

1

これまでのすべての唯物論（フォイエルバッハの唯物論もふくめて）の主要な欠陥は、対象、現実、感性がただ客体の、または直感 *Anschauung* の形式のもとでだけとらえられて、感性的に人間的な活動として、つまり実践として、主体的にとらえられないことである。だから、能動的側面は、唯物論に対立して観念論――これはもちろん現実的な感性的な活動をそのようなものとしては知らない――によって抽象的に展開されることになった。フォイエルバッハは、感性的な――思考された客体とは現実的に区別された――客体を欲するが、しかし人間的活動そのものを対象的活動としてはとらえない。だから彼は、『キリスト教の本質』のなかでただ観想的 *theoretisch* 態度だけを真に人間的な態度とみなし、それにたいして、他方、実践はただそのさもしくユダヤ的な現象形態においてだけとらえられ固定される。だから彼は、「革命的な」活動、「実践的＝批判的な」活動の意義を理解しない。

2

対象的真理が人間的思考の手に届くものかどうかという問題は、観想 *Theorie* の問題ではなくて、一つの実践的な問題である。実践のなかで、人間は、自分の思考の真理性、すなわち現実性と力、此岸性を証明しなければならない。思考――実践から切り離された思考――が現実的か非現実的かをめぐる争いは、一つの純粋にスコラ学的な問題である。

3

環境と教育との変化にかんする唯物論的な学説は、環境が人間によって変革され、そして教育者自身が教育されなければならないことを忘れている。だから、この学説は社会を二つの部分――そのうちの一方の部分は社会を超えたところにある――に分けるよりしかたがない。

環境の変化と人間的活動あるいは自己変革との一致は、ただ革命的実践としてだけとらえられるし、合理的に理解されることができる。

4

フォイエルバッハは、宗教的自己疎外、すなわち、宗教的世界と現世的世界とへの世界の二重化という事実から出発する。彼の仕事は、宗教的世界をその現世的基礎へと解消することである。しかし、現世的基礎が自分自身から浮き出して、雲のなかに一つの自立的な王国を自分で固着させるということは、この現世的基礎の自己分裂と自己矛盾からしか説明できない。したがってこの現世的基礎そのものが、それ自体において矛盾したものであると理解されるとともに実践的に変革されなければならない。だから、たとえば地上の家族が聖なる家族の秘密であることが発見された以上は、こんどは前者そのものが理論的かつ実践的に打ち砕かれなければならない。

5

フォイエルバッハは抽象的思考には満足しないで、直観 *Anschauung* を望んでいる。しかし彼は、感性を実践的な人間的＝感性的活動とはとらえない。

6

フォイエルバッハは、宗教性あり方 *Wesen* を人間性あり方へ解消する。しかし、人間的あり方性は個々の個人に内在する抽象物ではない。現実には、それは社会的諸関係の総体 *ensemble* である。

この現実的なあり方の批判へ乗り出すことをしないフォイエルバッハは、だから次のようにせざるをえない。

すなわち、歴史的経過を切りすて、宗教的心情をそれだけとして固定して、一つの抽象的に――孤立した――人間的な個体を前提せざるをえない。

したがって本質的あり方 *Wesen* は、ただ「類」としてだけ、つまり、内なる、無言の、多数の個人を自然に結び合わせる普遍性としてだけ、とらえられることができる。

7

だからフォイエルバッハには、「宗教的心情」そのものが一つの社会的産物であること、そして自分が分析する抽象的個人がある特定の社会形態に属していることがわからない。

8

すべての社会的生活は本質的に実践的である。観想 *Theorie* を神秘主義へと誘うすべての神秘は、人間的実践において、そしてこの実践の概念的把握において、合理的に解決される。

9

直感的唯物論、すなわち、感性を実践的活動として把握しない唯物論が到達できるのは、せいぜいのところ、個々の個人と市民社会の直感である。

10

古い唯物論の立場は市民社会であり、新しい唯物論の立場は人間的社会あるいは社会的人類である。

11

哲学者たちは世界をさまざまに解釈してきたにすぎない。重要なのは世界を変革することだ。

(Marx [1845b] S. 5-7. 三—五頁)

目を通してみればすぐわかるように、第十一テーゼに先行する一〇のテーゼは、すべてがフォイエルバッハの「観想的で直感的な唯物論」に関するマルクスの批判的コメントであり、いわば「実践的で主体的な唯物論のすすめ」にすぎない。したがって、第十一テーゼでいわれている「世界を変革する」とはどのようなことであり、どのような「世界」をどのように「変革」すべきなのかということについては、先行するこれらのテーゼを読んだだけではわからないのである。だからその結果として、これらのテーゼそのものもまた「哲学者たち」によって「さまざまに解釈」されてきた。

二　「世界を解釈すること」

たとえばエルンスト・ブロッホ（Ernst Bloch, 1885-1977）は、一〇のテーゼを「直感と活動に関係する認識論のグループ（テーゼ五、一、三）」、「自己疎外とその現実的原因、真の唯物論を扱った人間学的・歴史的グループ（テーゼ四、六、七、九、十）」、「証明と検証に関する総括のグループ、あるいは理論―実践のグループ（テーゼ二、八）」に整理分類したうえで、最後の第十一テーゼを最も重要な「合言葉」と位置づけている（ブロッホ［1982］三三六―三三七頁）。

ブロッホによれば、それは「船に乗ること、すなわち現実と関わりあうこと」への合言葉である。たしかに「船に乗らなければならない」という決意は伝わってくる。しかし、それではいったいどの船に乗り込んでどこへ進路を取ったらいいのか。それがここで示されているわけではない。どういう船に乗ってどこに向かうべきかという「行動への真の指針」をマルクスが実際に与えたのは、結局それから二二年もたった『資本論』においてであった（同、三六八頁）。「世界を変革する」ためには「世界の変革についての認識」が不可欠だし、船に乗るには「極度に考え抜かれた進路」が必要だったからである。それにしてもずいぶんとひとを待たせる「合言葉」だったことになる。

では、二二年間もひとを「船着き場」で待たせておきながら、マルクスは何をしていたのだろうか。

資本主義的生産様式が支配する近代市民社会と世界システムの存立構造を解明していた、つまり「世界を解釈して」いたのである。エティエンヌ・バリバール（Étienne Balibar, 1942-）に言わせれば、第十一テーゼが求めたのは「後方に、すなわち哲学にもどることを自己自身に禁じること」（バリバール［1995］三〇頁）だったのに、マルクスは「そのテーゼに従い続けなかった」（同、二二頁）ことになる。

書いた本人自身が事実上すぐに放棄することになったメモにすぎないのだから、言い換えれば、そうは言ってみたもののすぐには実行できないことは自分でもよくわかっていた、そういう発言なのだから、第十一テーゼに関してブロッホがこう注意するほかなかったのも、当然と言えば当然である。「簡潔な文章というものは、実際以上に手っ取り早く概観できるように見えるものである。また人口に膾炙した文章は、はなはだその意に反することだが、読後なんら熟考の要を感じさせず、あるいはきわめて粗雑に鵜呑みにさせてしまう。そしてそうしたばあい次に生じるのは、文章の本意とはおよそかけ離れた、反知性的な、あるいは少なくとも知性とは縁遠い不満である」（ブロッホ［1982］三六四頁）。ブロッホが念を押しているように、実際のところ「頭が空っぽの実践家や、引用文の宝庫をひきずった図式主義者は世界を変革しなかった」（同、三七一頁）。

ルイ・アルチュセール（Louis Althusser, 1918-1990）もまた、このテーゼを「近づくすべての哲学者を照らし出す……一瞬の稲妻」と評している。「だが、誰でも知っているように、稲妻は照らすというよりは目を眩ませるものであり、闇を裂く光の輝きほど夜の空間のなかに位置づけがたいものはない。あやまって透明に見えるこの十一のテーゼの謎は、いつか明らかにされるべきものである」(Althusser [1965] p. 28. 五四頁)。

要するに『フォイエルバッハに関するテーゼ』の魅力は、アルチュセールの言葉を借りれば、まさに「謎」であるのに「あやまって透明に見える」ところ、つまりは読む者にとって一見わかりやすく、しかもさまざまに解釈できるところにある。だからそれは、ローマ市民やキリスト教徒にとっての「十二銅板法か十戒みたいに」(ブロッホ [1982] 三三六頁)、長い間マルクス主義者にとっての格言集だったし、マルクス主義者でなくても、その中に心に残る一言を見つけることができたのである。

私自身にとっては、第三テーゼの中にある一文「教育者自身が教育されなければならない」がそれだった。学生時代には批判の武器として、教員となった今では自戒の言葉として。ただし、これもまた第十一テーゼと同じように、言っていることと実際にしていることとが違うという事態に陥りやすい、つまり発話の「意味内容」が自分自身の「行為遂行」と矛盾する危険性のきわめて高いテーゼであることは、改めて言うまでもない。どれほど自覚しているつもりでも、自分自身の言行不一致に気づくのは難しい。誰にとっても。

三 「唯物論的」な歴史観へ

最後に一つだけ「謎」を解いておこう。それは、マルクスが二二年間もひとを待たせることになったその理由を示唆する彼自身の言葉が、この『テーゼ』の中に見いだせるからである。その言葉は第四テーゼの中にある。

念のためにもう一度引用してみよう。「彼［フォイエルバッハ］の仕事 *Arbeit* は、宗教的世界をその現世的基礎 *ihre weltliche Grundlage* へと解消することである。しかし、現世的基礎が自分自身から浮き出して、雲のなかに一つの自立的な王国を自分で固着させるということは、この現世的基礎の自己分裂と自己矛盾からしか説明できない。したがってこの現世的基礎そのものが、それ自体において矛盾したものであると理解されるとともに実践的に変革されなければならない」。

私たちは、これによく似た文章をすでに前章で目にしている。『資本論』に出てくる次の文章である。「分析によって宗教的な幻像の現世的な核心を見いだすことは、その逆に、その時々の現実の生活諸関係からその天国化された諸形態を展開することよりも、実際はるかに容易である。後の方が、唯一の唯物論的な、したがって科学的な方法である」（Marx［1867］S. 303. 四八七頁）。

つまり、「宗教的（あるいは幻想的、もっと一般的に言えばイデオロギー的）な世界をその現世的基礎へと解消すること」だけではだめなのだ。言い換えれば、日々の生活の中で人々が抱き表明する思想や言説を、基礎（＝土台）としての社会構造に、あるいは経済的利害関係や階級的位置に還元して、それで説明が終わったと思っているのではだめだ、ということである。

一部で誤解されてきたように、そのような還元論的説明をするのがマルクスの思想あるいはマルクス主義なのではない。それはむしろフォイエルバッハの「仕事」なのであり、それだけではだめだ、というのがマルクスの批判なのである。

『フォイエルバッハに関するテーゼ』、とりわけその第十一テーゼは、「正義」や「公正」という理念を内面化し、身近な生活の中に「不正義」や「不公正」を発見した若者たちを魅了し続けてきた。これを書いた時点のマルクス自身がそのような青年の一人だった。世界から「不正義」や「不公正」がなくならないかぎり、このテーゼはこれからもそのような若者たちを魅了し続けることだろう。そして、「いま、ここ」で「世界を変革すること」が可能だし、そうしなければならない、という決意を繰り返し生み出し続けていくことだろう。

しかし、そのような決意を表明しただけではなく、それと同時に、「現世的基礎の自己分裂と自己矛盾」を具体的に明らかにすること、そしてこの「自己分裂と自己矛盾」がなぜ、またどのようにして「宗教的（あるいはイデオロギー的）世界」の自立化を生じさせてしまうのかを明らかにすること、それこそが自分が引き受けるべき「仕事」だと一八四五年のマルクスは書いた。そして、それこそが「唯一の唯物論的な方法」だと一八六七年のマルクスは確認したのである。ジャーナリストとして新聞論説を書き続け、そして「経済学批判」と題した草稿を何度も何度も書き直し続けながら、この方法の有効性と妥当性を確信するのに、彼は二二年を要したのだ。この方法こそが「唯物論的な歴史観」と呼ばれる彼のものの見方の中心にあるものであり、この方法を生涯にわたって堅持した思想家としてこそ、マルクスには今なお顧みられる価値がある。それでは、「テーゼ」以後のマルクスは具体的に何をしていたのか。その試行錯誤の過程については、改めて次章で見ていくことにしよう。

第三章　歴史のアクチュアリティについて

はじめに

マルクスにおける歴史のアクチュアリティを問題にするということは、いわゆる「唯物論的歴史観」に関するこれまでの理解を問い直すことにほかならない。問題は、クエンティン・スキナー風に言えば（スキナー［1990］）、「唯物論的歴史観の定式」と称されることになる発言を一八五九年の『経済学批判』序言でマルクスがしたとき、そう発言することにおいてマルクスは「行為遂行的 *performative*」には何をしていたのか、ということである。

「唯物論的歴史観」という名称の名付け親であるエンゲルスは、たとえば一八八五年の『ルイ・ボナパルトのブリュメール一八日』第三版への序文で、マルクスを次のような「科学的法則の発見者」として描いている。

「マルクスこそ、歴史の運動の大法則をはじめて発見した人であった。この法則によれば、すべて歴史上の闘争は、政治、宗教、哲学、その他どんなイデオロギー的分野でおこなわれようと、実際には、社会諸階級の闘争の――あるいはかなりに明白な、あるいはそれほど明白でない――表現にすぎない。そして、これらの階級の存在、したがってまた彼らのあいだの衝突は、それ自体、彼らの経済状態の発展程度によって、彼らの生産、およびこの生産に条件づけられる交換の仕方によって、条件づけられているのである」(Engels [1885] S. 249. 二五四頁)。

しかし、マルクス自身はその「定式」について、それにすぐ先行する文章ではこう説明しているにすぎない。

「私の研究の到達した結果は次のことだった。すなわち、法的諸関係や国家諸形態は、それ自体からも、またいわゆる人間精神の一般的発展からも理解できるものではなく、むしろ物質的な生活諸関係に根ざしているものであって、それらの生活諸関係の総体をヘーゲルは、一八世紀のイギリス人やフランス人の先例にならって「市民社会」という名で総括しているのだが、しかしこの市民社会の解剖学は経済学に求めなければならない、ということだった。……私にとって明らかとなった、そしてひとたび自分のものになってからは私の研究にとって導きの糸として役だった一般的結論は、かんたんに言えば次のように定式化することができる」(Marx [1859] S. 100.

六頁)。

ここでは「役だった」と過去形で語られていることに注意する必要がある。それが「導きの糸として役だった」のは、マルクスが何をしているときだったのだろうか。そして、それはどのように役だったのだろうか。

一　政治的事件の解読――『ブリュメール一八日』を中心に

ロンドン亡命後の一八五〇年代を通してマルクスがしていたのは、第一に、錯綜するヨーロッパの政治過程の中に、最終的にプロレタリアートの勝利へといたる政治的変革の可能性を読みとろうとすることであった。

たとえば、一八五二年の『ルイ・ボナパルトのブリュメール一八日』が実践した歴史認識＝同時代認識の方法は、決定済みの過去の出来事をその「規定的な要因」に還元し、「歴史の運動法則」を確認するためのものなどではなく、むしろ進行形の「現在」を、とりわけ複雑な政治的党派闘争を、階級闘争として読み解くための方法であった。そこでのマルクスの分析対象は、議会的共和制の下で正統王朝派やオルレアン派、ブルジョア共和派や小市民的民主派などによって上演される政治劇であり、ルイ・ボナパルトのクーデタの成功の秘密である。これら諸党派は、諸階級を「代表」する階級闘争のイデオロギー的担い手とみなされているのだが、マルクスが繰り返し強調するのは、代表する者とされる者とのズレであり、イデオロギーと現実的利害とのズレである。すでに第一章でも簡単にふれたが、マルクスは次のように注意している。

「私生活においては、ある人間が自分について考えたり言ったりすることと、彼が現実にどういう人間で何をするかということとは、区別されるのと同じように、歴史的闘争においてはそれ以上に、諸党派の決まり文句や思い込みと、彼らの現実の組織や現実の利害とは区別されなければならないし、彼らの想像と彼らの現実とは区別されなければならない」(Marx [1852a] S. 122. 五八―五九頁)。

「民主派の議員たちはみな商店主であるか、あるいは商店主を熱愛している、と思い描いてもいけない。彼らは、その教養と知的状態からすれば、商店主とは雲泥の差がありうる。彼らを小市民の代表にした事情とは、小市民が実生活において超えない限界を、彼らが頭の中で超えないということであり、だから物質的利害と社会的状態が小市民を［実践的に］駆り立てて向かわせるのと同じ課題と解決に、彼らが理論的に駆り立てられる、ということである。これがそもそも、一つの階級の政治的・文筆的代表者と彼らが代表する階級との関係というものである」(*ebd.*, S. 124. 六三頁)。

このように政治的事件を一つのドラマとして描きながら、登場人物とそのイデオロギーが何を「代表／表象」しているのかを経済的基礎から説明しようとするのがマルクスの方法にほかならない。そのことは、『経済学批判』序言のいわゆる「定式」の文章からも明らかである。

「人間は、彼らの生命の社会的生産において、一定の、必然的な、彼らの意志から独立した諸関係を、すなわち彼らの物質的生産諸力の一定の発展段階に対応する生産諸関係を受け入れる。これらの生産諸関係の総体は、社会の経済的構造を形成する。これが実在的土台であり、その上に一つの法的・政治的上部構造がそびえたち、そしてこの土台に一定の社会的意識諸形態が対応する。……／経済的基礎の変化とともに、巨大な上部構造全体が、徐々にであれ急激にであれ、変革される。このような諸変革の考察にあたっては、経済的生産諸条件における自然科学的に正確に確認できる物質的な変革と、人間がその中でこの衝突を意識し、それを闘い抜く形態である、法的、政治的、宗教的、芸術的あるいは哲学的な諸形態、簡単にいえばイデオロギー的な諸形態とをつねに区別しなければならない。ある個人が何であるかは、その個人が自分自身のことをどう思っているかによって判断されないのと同様に、このような変革の時期をその時期の意識から判断することはできないのであって、むしろこの意識を物質的生活の諸矛盾から、社会的生産諸力と生産諸関係との間に現存する衝突から説明しなければならない」(Marx [1859] S. 100-101. 六―七頁)。

したがって、マルクスの問題意識の中心にあるのは、むしろ「土台」と「イデオロギー的諸形態／社会的意識諸形態」との対応関係であり、晩年のエンゲルスが一八九〇年から一八九四年にかけての手紙で繰り返し説明したような「土台と上部構造との規定関係／作用と反作用の関係」ではない。

実際に『ブリュメール一八日』では、マルクスは、「ナポレオン幻想」がフランス革命期に創出された分割地農民の経済的諸条件によっていかに育まれたか（対応関係の成立）、そしてその観念が半世紀後の負債にあえぐ分割地農民の経済的諸条件とはいかに齟齬を来すにいたったか（対応関係の消失）を執拗に分析し、「帝政」の支持基盤の成立根拠とともに、その没落の可能性をも「説明」しようとしたのである（Marx［1852a］S. 179-186. 一八〇—一九二頁）。

二 「資本の文明化作用」の解読——『経済学批判要綱』を中心に

一八五〇年代のマルクスがしていたことは、第二に、成立しつつある資本主義世界システムのうちに、最終的に人間の総体的疎外の廃棄を準備する物質的基盤を読みとろうとすることであった。一八五七—五八年の『経済学批判要綱』が描き出そうとしたのは、世界的規模で進行しつつある「資本の文明化作用」が、非資本主義的な生産諸形態を破壊・再編・再生産しつつ、結果として「世界史」を創り出していく過程である。これはスミス的＝ヘーゲル的な「市民的無限進歩」の発展段階論に対する批判であり、「構造としての世界史」の提示の試みであった。

マルクスの分析対象は、地球的規模での「資本の普遍的／布教的／文明化傾向」である。

「資本はこのような自己の傾向に従って、自然の神化をのりこえて突き進むのと同様に、もろもろの国民的な制限や偏見をのりこえ、一定の限界内に自足的に閉じこめられていた既存の諸欲求の伝来の充足と、古い生活様式の再生産とをのりこえて突き進む。資本はこれらいっさいに対して破壊的であり、たえず革命をもたらすものであり、生産諸力の発展、諸欲求の拡大、生産の多様性、自然諸力と精神諸力の開発利用ならびに交換を妨げるような、いっさいの制限を取り払っていくものである」(Marx [1857–58] S. 322)。

もっと具体的に言えば、マルクスが分析しているのは、世界市場において「資本主義的生産に先行する諸形態」を破壊・解体・再編成する「資本の文明化作用」と、そこに生じる「不均等発展」の諸相である。彼は、「資本の基礎の上に以前の生産様式および所有様式を再生産する」(*ebd.*, S. 472) 例、「(南アメリカでのように) 奴隷に適応した生産様式が創りだされる」(*ebd.*, S. 34) 例、「資本と労働の関係がなんらかの新たな生産諸力の発展の土台をも、新たな歴史的諸形態の萌芽をも内包することのないままに、いまだに陰険きわまりない労働搾取が行われている。……資本の生産様式がないのに、資本による搾取が行われている」(*ebd.*, S. 716) 例、「直接的強制労働に対して、富が資本としてではなく、支配関係として相対する」(*ebd.*, S. 42) 例に言及し、たとえば、「アメリカのプランテーション所有者を今日われわれが資本家と呼ぶだけではなく、事実彼らが資本家であるのは、彼らが変種として、自由な労働に基づく世界市場の内部に存在しているからである」(*ebd.*, S. 415) と説明する。資本主義が多様な生産様式を接合しつつ包摂する世界システムとして把握されていることは、ここから明らかである。

このような「世界市場的不調和」の解読作業は、同時に、イギリスのインド支配やアメリカの奴隷制を「民族精神」や「市民的無限進歩」によって説明するスミス的＝ヘーゲル的「世界史」への批判であった。マルクスはこう明言しているからである。

「いわゆる歴史的発展というものは、一般に次のことに基づいている。すなわち、最後の形態が過去の諸形態を自分自身にいたる諸段階とみなすということ、そしてこの最後の形態は、まれにしか、しかもまったく限定された条件のもとでしか、自分自身を批判することができないので……つねに一面的に過去の諸形態を把握するということに基づいている」(*ebd.*, S. 40-41)。

「世界史はいつも実存したわけではない。世界史としての歴史は結果である」(*ebd.*, S. 44)。

そして、解読によって析出されるのは、資本主義の「種差 *differentia specifica*」とその過渡性である。

「資本は一方では、交通すなわち交換のあらゆる場所的制限を取り払って、地球全体を自己の市場として獲得しようと努めないではいられず、他方では、時間によって空間を絶滅しようと、すなわちある場所から他の場所への移動に要する時間を最小限に引き下げようと努める。……資本は、それ自体はその本性からして局限されたものではあるが、生産諸力の普遍的な発展に努めるのであり、こうして新しい生産様式の前提となる。……この［資本の普遍的］傾向は、資本をそれに先行するいっさいの生産様式から区別すると同時に、資本はたんなる通過点として措定されているのだ、ということをうちに含んでいるのである」(*ebd.*, S. 438)。

三　歴史のアクチュアリティ

すでに明らかなように、一八五〇年代を通してマルクスが試みているのは、発見済みの「法則」を証明することではなく、現在進行中の錯綜した出来事を了解可能なものにすることであり、そのための「説明」の方法の構築なのである。その試行錯誤の過程を最もよく示しているのが、一八五二年から一〇年間にわたってアメリカの新聞『ニューヨーク・デイリー・トリビューン』に寄稿したマルクスのジャーナリストとしての活動である。

第一に、マルクスは『ブリュメール一八日』と同様の方法でイギリスの政治と階級闘争を分析し続けた。たとえば、一八五二年八月二一日付論説「イギリスの選挙――トーリ党とウィッグ党」。すでに第一章でも紹介した文章だが、もう一度引用しておこう。「彼ら［ウィッグ党］がかつて何を信じていたか、また彼らが自分の性格について現在他の人たちにどう信じてもらいたく思っているか、ではなく、歴史的な事実として彼らは何者なのか、彼らは何をやっているのか、ということの方が、われわれにはより合点がいく」（Marx［1852b］S. 318. 三三一頁）。あるいは、一八五七年三月二五日付論説「パーマストン内閣の敗北」。「パーマストンの施政は、一般の内閣の行う施政ではなかった。それは一種の独裁であった。……連立内閣の形成という点だけでも、古い諸党派――議会機構の動きを決定したのはこれら党派間の摩擦であった――が死滅してしまったという事実を示している」（Marx

[1857a] p. 213. 一三五頁)。

第二に、マルクスは、アヘン戦争による中国の開国やクリミア戦争などの世界的諸事件の中に、ヨーロッパ革命の可能性を繰り返し読み取ろうとした。たとえば、一八五三年六月一四日付論説「中国とヨーロッパにおける革命」。「イギリスが中国に革命を引き起こしたので、次の問題は、この革命がそのうちにイギリスに、そしてイギリスを通じてヨーロッパに、どのように反作用するであろうか、ということである」(Marx [1853b] S. 149. 九三―九四頁)。あるいは、一八五七年一一月二一日付論説「一八四四年の銀行法とイギリスの貨幣恐慌」。「重要な点は、イギリスの工業は、外国市場が収縮した場合には全般的崩壊を引き起こし、大ブリテンの社会的政治的状態の激変を引き起こさざるをえないほどに拡大してしまっている、ということである」(Marx [1857b] pp. 383-384. 三〇一頁)。

第三に、マルクスは、ヨーロッパにおける資本主義の成立過程(資本の本源的蓄積)と、ヨーロッパ資本主義によるアメリカやアジアの植民地化の問題とを、たえず重ね合わせて把握しようとした。たとえば、一八五三年二月九日の論説「選挙――金融の雲ゆき悪化――サザランド公爵夫人と奴隷制度」。「イギリスの賃金奴隷制の反対者こそ黒人奴隷制を非難する権利を持っているが、サザランド公爵夫人、アソル侯爵、マンチェスターの羊毛貴族――彼らは断じてそれを非難する権利を持っていない!」(Marx [1853a] S. 23. 四九二頁)。あるいは、一八五三年八月八日付論説「イギリスのインド支配の将来の結果」。「ブルジョア文明のもつ深い偽善と固有の野蛮性は、この文明が体裁のよい形をとっている本国から、それが剝き出しとなっている植民地へとわれわれの目を向けかえるときに、あからさまとなる」(Marx［1853c］S. 173. 二一七頁)。

「説明」の方法の構築というマルクスの問題意識は、かなり早い時期から見られる。彼がジャーナリストとしての活動を開始したのは一八四二年だが、その翌年にはすでにこう述べているからである。「われわれはただ、そもそも世界がなぜ闘うのかを、世界に示すだけである。そして意識とは、世界がそれを獲得しようと思わなくても、獲得せずにはいられないものなのである。／意識の改革とはただ、世界にその意識を自覚させること、世界を自分自身についての夢から目覚めさせること、世界に対してそれ自身の行動を説明してやること、にある」(Marx［1843］S. 488. 三八二頁)。

さらに、すでに何度か引用したように、『資本論』にも次のような発言がある。「分析によって宗教的な幻像の現世的な核心を見いだすことは、その逆に、その時々の現実の生活諸関係からその天国化された諸形態を展開することよりも、実際はるかに容易である。後の方が、唯一の唯物論的な、したがって科学的な方法である」(Marx［1867］S. 303. 四八七頁)。

この方法の前提となるのは、「運動法則」の発見ではなく、その時々の具体的諸関係の解明である。一八六〇年代以降のマルクスのさまざまな仕事が示しているように、政治的出来事の「説明」根拠となる経済的諸条件そのものが、具体的に、世界的諸関係の中で、いわばつねに新たに再考されることになる。そして、何よりも「説明」の方法にして根拠となるはずの「経済学批判」が進行形のまま未完成に終わったこと自体が、マルクスにとっての歴史のアクチュアリティを示していると言うことができるだろう。

II

歴史認識の方法

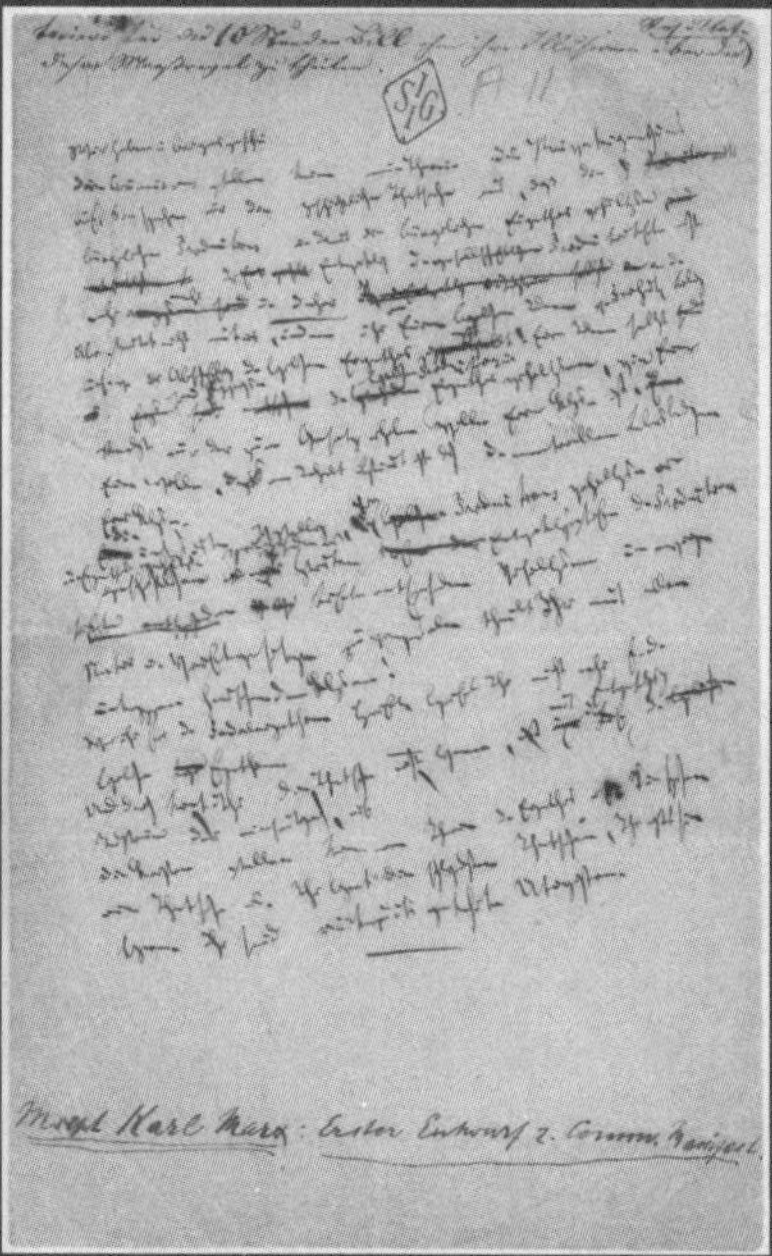

『共産党宣言』自筆原稿

第四章　社会の建築術──「土台と上部構造」という隠喩の系譜

はじめに

ルイ・アルチュセール（Louis Althusser, 1918-1990）が、単純な経済決定論や基底還元論からマルクスの「唯物論的歴史観」を救い出すために、マルクス主義の中に「重層的決定　*Überdetermination, surdétermination*」というフロイトの用語を持ち込んだことはよく知られている。彼はしかし、晩年に近い一九八二年の遺稿「出会いの唯物論の地下水脈」では、「決定」そのものを超え出ようとして、「必然性と目的論の唯物論」を批判する「出会いの唯物論……不確定なもの、偶然性の唯物論」（Althusser［1994］p. 554. 五〇〇頁）にまでたどり着いてしまった。

その地点にたどり着く途中で、一九七八年の草稿「自らの限界にあるマルクス」において、アルチュセールはマルクスの『経済学批判』序言の中に「土台と上部構造のあいだに存在する関係をめぐる、あの理論的な空白」を見いだしている。「空白」というのは、マルクス主義者の思いこみに反して、マルクスは「土台が上部構造を決定する」とも「上部構造は土台に照応する」とも言ってはいない、ということである。アルチュセールは、少しばかり悲痛な響きさえする言い方で、こう確認する。

「上部構造は土台のうえにそびえる *sich erhebt* ……これが、両者の関係についてマルクスが言っていることのすべてである」(*ibid.*, p. 427. 三八七頁)。

アルチュセールのこの指摘は正しい。それでは、マルクス主義者の「土台／上部構造」論とはいったい何だったのだろうか。アルチュセール自身が理論的に苦しみながら「重層的決定」や「最終審級における決定」を論じたことに、いったいどういう意味があったのだろうか。

それに答える前に、そしてそれに答えるためにも、私たちは「土台と上部構造」という建築用語を使った隠喩(メタファー)がどういう事態を意味しているのかを考えておく必要がある。言い換えれば、社会を建築物として想像することがもつ意味である。

「社会の建築術」——。少し歴史を遡って、その系譜を確認することから始めよう。

一 共和国を構築する

一六〇三年にイングランド女王エリザベス一世が死去すると、スコットランド国王ジェイムズ六世がイングランド国王ジェイムズ一世として即位し、両王国は同君連合に入った。このスチュアート王朝による統治の下で、大ブリテンは事実上一つの国家として統一される。私たちがイギリスと呼んでいる政治空間の成立である。即位した国王ジェイムズ一世が一六〇四年にイングランド議会で最初に行った演説は、次のようなものであった。「神が結び合わせたものは、人が分かつことはできない。私は夫であり、島［大ブリテン］全体が私の合法的な妻である。私は頭であり、島全体が私の体である。私は司牧であり、島全体が私の羊の群れである」（King James VI and I［1994］p. 136）。

絶対王政の当事者自身による絶対王政の宣言であるが、ここではブリテンという政治空間が、一つの家族として、有機体として、また遊牧する畜群として表象されていることがわかる。それは「人が分かつことはできない」神聖な結合なのである。

いわゆる王権神授説が強調したのも、家族としての国家であった。その代表的な思想家ロバート・フィルマー（Robert Filmer, 1588–1653）は、一六三〇年代に書かれた『家父長論』の中で、『創世記』のアダムを「自分の民の祖父、すべての世代にわたる自分の子供たちの子供たちに対する最高権力者である、最初の父親」と位置づけ、「この子供たちの服従が、神自身の定めによって、すべての王の権威の唯一の基礎をなす」(Filmer［1991］pp. 6–7)のであり、この家父長権がノアの洪水やバベルの塔の後にも受け継がれて今日にいたる、と説明している。だから、「すべての王がその臣民の実の親でないことは事実であるが、しかし彼らは、人類全体の実の親であった祖先の継承者であるし、同時にそうみなされてもいるのであって、彼らの当然の資格において、至高の支配権の行使を継承しているのである」(*ibid.*, pp. 10–11)。

神聖で自然な家族的・有機的結合。そのような国家あるいは社会の表象を転倒させたのが、革命的哲学者ホッブズ(Thomas Hobbes, 1588–1679)であった。一六五一年の主著『リヴァイアサン』は、「コモンウェルスまたは国家とよばれる偉大なリヴァイアサン」を「一つの人工的人間」と規定するからである。彼によれば、この「人工的人間」の「素材と制作者」は「ともに人間」なのであるが、国家に関する基本的問題は、「どのようにして、どういう諸信約によって、それはつくられるか、主権者の諸権利および正当な権力あるいは権威とは何か。そして、何がそれを維持し、解体するか」(Hobbes［1996］p. 10. 三八頁)ということにある。国家は「人工的」な制作物であり、そうである以上、「制作者」が存在するし、「解体する」こともありうるのである。

国家表象のこの転倒をさらに進めた「社会の建築術」が近代においてはじめて姿を現すのは、一六五六年、共和主義者ジェイムズ・ハリントン(James Harrington, 1611–1677)の『オシアナ共和国』においてである。彼もまたホッブズと同様に「コモンウェルス」は人民を「材料」として作られるものだと考えるのだが、その材料から新しい「コモンウェルス」を構成することを、まさに「建築」の隠喩を使って説明しようとするからである。「コモンウェルスの構成あるいは建築 institution or building においては、最初の仕事は（大工 builder の仕事と同様に）材料をうまく取り付けて配置すること以外にはありえない」（Harrington［1992］p. 75）。

その結果、ハリントンは「土台と上部構造」を論じた近代最初の思想家になる。彼は、マクファーソンによれば、ブルジョア社会に関してホッブズほどの洞察力をもたなかった「より現実主義的な過渡期の分析家」（Macpherson［1962］p. 193. 二二五頁）、ポーコックによれば、「古典的な共和主義者」（Pocock［1977］p. 15）、そしてネグリによれば、「生成する資本主義のオルタナティヴとして革命を理解した一人の近代人」（ネグリ［1999］一七五頁）なのだが、しかし、「社会の建築術」の最初の考案者という栄誉は認めなければならない。

ハリントンが「建設」しようとしたのは、広範な独立自営農民を主要な担い手とする共和国である。したがって、共和国が一つの建物だとすれば、その「基礎 foundation」あるいは「土台 basis」（ハリントンはどちらも使っている）をなすのは、「農村の生活様式」である。

「農業すなわち農村の生活様式は、紡ぎは粗末だとしても、コモンウェルスを作る最良の生地であり、アリストテレスの言葉で言えば、民主的農業国こそ最良の共和国なのである。そのようなものとして、それはコモンウェルスの自由の最も頑強な主張者であり、革新や不穏には最も巻き込まれにくい。それだから、この基礎 foundation が（後に示すように）除去されるまでは、この人民は動揺や不穏には最も巻き込まれにくいとみなされていた」（Harrington［1992］p. 5）。

ただし、共和国の基礎としての「農村の生活様式」というのは、マルクスのように経済的な生産様式あるいは生産関係としてではなく、法や権利のあり方として、つまりは所有関係として理解されている。一七世紀の革命思想が「自然法」や「自然権」という概念で思考されていたことを思い出そう。アルチュセールも言うように、「ブルジョアのヘゲモニーについて言えば、このまとめと総合の役割をなしてきたのは法的イデオロギー」(Althusser [1998] p. 288. 三七六頁)なのだから。

一般論としては、ハリントンはこういう言い方をしている。「統治とは(正当な意味で、あるいは古代の思慮分別にしたがって定義すれば)、それによって人間の市民社会 *a civil society of men* が共通の権利あるいは利害という基礎 *foundation* の上に構成され保存される技術であり、あるいは(アリストテレスとリヴィウスにしたがえば)それは法の支配権 *empire* であって、人間の支配権ではない」(Harrington [1992] p. 8)。あるいは、こういう言い方。「あらゆる統治の中心あるいは土台 *basis* とは、統治の基本法にほかならない」(*ibid.*, p. 100)。「基礎」と「土台」は使い分けられているようにも思われるが、「基礎」という言葉が以後の議論の中心となる。「共通の権利あるいは利害」が「基礎」であり、その上に「市民社会」(この時代には、法的=政治的社会を意味する)が構成されるのである。

それでは、「民主的農業国」である共和国の「基礎」をなす「共通の権利あるいは利害」とは何だろうか。言うまでもなく、土地の所有権である。

「国内の支配権は所有権に基礎をおいている。*Domestic empire is founded upon dominion.* 所有権とは不動産あるいは動産の所有権であり、すなわち、土地、あるいは貨幣と財貨の所有権である。土地、あるいは領土内の諸部分や諸区分は、一人あるいは複数の所有者、その領主たちによって、ある割合で保有されている。そしてそのような土地所有権の割合あるいはバランスが、その国の性質なのである」(*ibid.*, p. 11)。

ハリントンの言う「土地所有権のバランス」とは、具体的には、貴族および大土地所有者(ジェントリー)の所有権を制限して、その領地が独立自営農民の所有地の半分を超えないようにすることであり、逆に言えば、独立自営農民層を強力な政治勢力として、つまりは共和国軍の担い手として、確保することであった。ハリントンはこう述べる。「基礎から外れて揺れ動く建物が崩壊するにちがいないのと同じように、理性から外れた法や所有権のバランスから外れた民兵制も崩壊するにちがいない」(*ibid.*, p. 16)。ここでは、土地所有権のバランスが「基礎」であり、民兵制が「建物」(の上部構造の一部)だと考えられている。

「上部構造」という言葉そのものは、次のような文脈で出てくる。

「平等なコモンウェルスとは、バランスあるいは基礎においても上部構造 *superstructures* においても、すなわちその農地法においても官職ローテーション制においても、平等であるようなコモンウェルスのことである。／平等な農地法とは、少数者あるいは貴族に属する一人あるいは何人かの者がその土地所有によって人民全体を圧倒する、ということがありえないように土地を分配することによって、土地所有のバランスを確立し保存するような永久的法律のことである。／農地法が基礎に対応するものであるとすれば、官職ローテーション制は上部構造に対応する」

(*ibid.*, p. 33)。

農地法によって土地所有権を保証された独立自営農民が、民兵制という形で軍事力を担い、官職ローテーション制を通して政治をも担う。これが、ハリントンの構想した「平等なコモンウェルス」の姿であった。ただし、「上部構造」という言葉が複数形であることからもわかるように、官職ローテーション制も実は「上部構造」の一部である。正確に言えば、「平等なコモンウェルスとは(すでに述べたことによって)、平等な農地法の上に確立され、その上に上部構造あるいは三つの秩序、すなわち審議し提案する元老院、議決する人民[集会]、そして無記名投票による人民の投票権を通しての平等な官職ローテーション制によって執行する行政機関、がそびえ立つ *arising*、そのような統治のことである」(*ibid.*, p. 34)。

したがってハリントンは、法的イデオロギーの内部で、農地法という形で所有関係に表現される生産諸関係を「基礎」とし、立法や行政に関わる政治制度を「上部構造」とする「建物」として、共和国を表象していることになる。ここでも、アルチュセールが確認したマルクスの場合と同じく、「上部構造は基礎の上にそびえ立つ *arise*」。たしかにハリントンは、コモンウェルスを設立する技術とは「知られている基礎にふさわしい統治の上部構造を建てる技術にほかならない」(*ibid.*, p. 60) と述べているが、これは逆に言えば、「基礎から外れて揺れ動く建物は崩壊するにちがいない」(*ibid.*, p. 16) ということであって、基礎が上部構造を「決定する」のでも、上部構造が基礎に「対応する」のでもない。

要するに「基礎／土台と上部構造」という隠喩が意味するのは、建物を建てるには、まず基礎を造成し、その次にそれにふさわしい上部構造を構築しなければならない、という問題解決の優先順位（アジェンダ）にほかならない。そこに示されているのは、最初に「なにをなすべきか」というきわめて実践的な思考であり、「基礎」こそが先決問題だという呼びかけなのである。

このような「社会の建築術」、ハリントン自身の言葉でいえば「コモンウェルスを設立する技術」をもたず、「基礎」を造成しないならば、「物事の成り行きや目的を達成するための方法を考慮することなく空中に楼閣を築く *building in the air*」（*ibid.*, p. 60）羽目になる。ハリントンによれば、ホッブズの立場がまさにそれであった。「所有権の正当なバランスの上に植え付けられた軍隊の上に」立たないで、「『リヴァイアサン』のように、幾何学によって（田舎のひとがよく言うように）それ［王政］を宙づりにする（他のどんな基礎もなしに、この一人の人間の意志に他のすべての人間が自分の意志を委ねなければならない、ということを他にどう言えばいいだろうか？）こと」（*ibid.*, p. 56）は不可能なのである。

しかし、「社会の建築術」を理解しさえすれば「平等なコモンウェルスの設立」に成功するわけではない。クロムウェルによる共和国政権樹立から七年が経った一六五六年という時点で、ハリントン自身が、「人民はこの基礎に留意せず、（相互に争うことによって影響を与えられた）一定の敵意を通して、あるいは、物事の成り行きや目的を達成するための方法を考慮することなく空中に楼閣を築くことに没頭させた一定の気まぐれを通して、政治的にも宗教的にも無限の党派に分裂を繰り返すことになった」(*ibid.*, p. 60) ことを認めている。クロムウェルの死後、一六六〇年には共和国そのものが崩壊し、王政が復活する。こうして、ハリントンが構想した「社会の建築術」もまた、いったん歴史の地層の下に埋もれてしまうのである。

二　土台としての市民社会

いったん埋もれた「社会の建築術」は、一八世紀に入ってまもなく一瞬だけちらっと姿を現したように見える。一七二六年に匿名で出版されたスウィフトの『ガリヴァー旅行記』第三編の中、日本の東方海上に、『リヴァイアサン』と同じく文字通り「宙づり」になって浮かぶ島ラピュータを有する王国、しかも独自の幾何学が支配する王国バルニバービにおいて。その首都の大学では、「まず屋根から建て始め、順次下の方に手順を移して最後に土台にかかる」という「家を建てる新しい方法」(スウィフト [1980] 二四九頁) が研究されているのだが、この王国は、「こんなに無茶苦茶に耕された土地も、こんなに廃屋同然といってもいいくらいいい加減に建てられた家屋も、こんなに悲惨と欠乏そのものといった表情や態度を示している国民も、私はまだ見たことがなかった」というほどのところであり、「国土は見渡す限り荒廃に委ねられ、家屋は廃屋となり、国民は食うものも着るものもない状態に陥っても仕方がない」(同、二四二、二四五頁) ところなのである。

スウィフトがここで描いているのは、「社会の建築術」が逆立ちしていること、あるいはむしろ

「不在」であることの結果だと考えていいだろう。しかもそれが「幾何学によって宙づりに」されている島の表象を伴うことを考えれば、スウィフトは密かにハリントンのホッブズ批判に呼応しているのかもしれないと想像したくなる。

「社会の建築術」が次に公然と姿を表すのは、アダム・スミス（Adam Smith, 1723-1790）と同じ年に生まれたスコットランド啓蒙の思想家、アダム・ファーガソン（Adam Ferguson, 1723-1816）の一七六七年の主著『市民社会史論』においてである。ここでファーガソンは、「生活様式 *manners of life*」を改善する人類の能力」（Ferguson［1966］p. 94）が歴史の進歩の根底にある「人間本性」であるととらえて、「生活様式」の変化に伴う「進歩の諸段階」を展開し、さらに「土台 *basis*」と「上部構造 *superstructure*」という隠喩を使って、社会の構造を説明しようとする。まずは、彼の歴史認識から見ていくことにしよう。

ファーガソンは、「人類の進歩」を次のように説明している。

「人類においては、個人と同様に種全体が進歩する。全人類は、前の時代に据えられた基礎 *foundations* の上に次の時代を組み入れていく。そして時がたつにつれて、自分の諸能力の適用を完全なものにしていく傾向があるが、そのためには、長期にわたる経験の助けが必要であり、何代にもわたる世代がその努力を結合させていなければならない。われわれは、人類全体がなした進歩 *progress* を観察する。われわれは進歩の多くの段階 *many of its steps* を明確に数え上げる。われわれはその歩みを遠く古代にまで遡って跡づけることができる」（*ibid.*, p. 5）。

ファーガソンはここでルソーの『人間不平等起源論』の参照を求めており、彼の言う「生活様式を改善する人類の能力」がルソーの「自己改善能力 *perfectibilité*」の言い換えであることは間違いない。ただし、ルソーの場合には、「この特異なほとんど無制限な能力が人間のあらゆる不幸の源泉」(Rousseau［1964］p. 142. 五三頁）にほかならないのだから、歴史的進歩の意味づけは逆転しているのだが。

「土台と上部構造」という隠喩は、人類の進歩の最終段階である、文明化が進んで分業が進展し、生活様式が多様化した社会状態、すなわち「洗練された商業的諸国民の生活様式」を論じた箇所に、一度だけ出てくる。

「どんな統治形態のもとでも、政治家は、外部から自分たちを脅かす危険や、国内で彼らを苦しめる争乱を除去しようとする。うまくいけば、こうすることで彼らはしばらくの間、自分の国の優勢を獲得し、首都から遠く離れたところに国境線を確保する。彼らは、人類が抱くようになる平安への相互的願望や、社会の平和を維持する傾向がある公共的諸制度のうちに、対外戦争の一時停止や国内の混乱の除去を見いだす。彼らは、騒動なしにあらゆる抗争を解決し、法の権威によって、あらゆる市民に個人的諸権利の保持を保障することを習い覚える。／繁栄する諸国民はこのような状態を熱望し、ある程度まで達成するのだが、このような状態において人類は、安全の土台 *basis* を据えつつ、彼らの考えに適した上部構造 *superstructure* を組み立て始めるのである。その帰結は、状態 *states* が異なれば異なるし、同じ共同体に属する人間でさえも身分

orders が異なれば異なる。あらゆる個人に対するその効果は、彼の地位 *station* に対応している。それは、政治家や軍人がさまざまな手続きの形式を決定するのを可能にする。それは、あらゆる職業の専門従事者が自分の個別的利益を追求するのを可能にする。それは、道楽者には趣味を洗練する時間を与え、思索家には文学的会話や研究の余暇を与える」(Ferguson [1966] pp. 188-189)。

見られるように、ファーガソンにとっては、「あらゆる市民に個人的諸権利の保持を保障する公共的諸制度」が確立された状態、すなわち「法治社会状態」を意味するものとしての「市民社会 *civil society*」こそが「土台」であり、諸個人の経済的活動(「あらゆる職業の専門従事者が自分の個別的利益を追求する」こと)が「上部構造」なのである。

一見すると、ファーガソンの「土台と上部構造」が指示するものは、ハリントンのそれとは逆になっているように思われるかもしれない。ハリントンの場合には「市民社会」は「上部構造」なのに、ファーガソンの場合にはそれは「土台」なのだから。しかし、「市民社会」という言葉の使い方を別にすれば、両者の間に発想の逆転があるわけではない。どちらの場合も、所有権を保障する法的秩序こそが「基礎=土台」であることには変わりがないからである。つまり、何が先決問題かという点では、違いはないのである。

ただし、ハリントンの「民主的農業国」においては、所有権を保障された独立自営農民が政治に参加するシステム(政治的社会としての市民社会)が「上部構造」であったのに対して、ファーガソンの

「商業的国民」のもとでは、社会的分業の進展に伴って政治そのものが一つの専門的職業になっているのであって、所有権を保障された市民たち（法治社会としての市民社会の構成員）はそれぞれに「彼らの考えに適した上部構造を組み立て始める」のである。ハリントンの建物が共和国そのものだったのに対して、ファーガソンの建物は、いわば庭付き一戸建ての個人住宅群だったと言えばいいだろう。

このようなファーガソンの思想は、アダム・スミスの思想と実はそれほど違わない。「土台と上部構造」という隠喩こそ使わなかったが、スミスもまた「自然的自由のシステム」としての市民社会の形成が「諸国民の豊かさ」の前提（つまり基礎）をなすものと考えていたからである。ファーガソンの主著出版に先立って、一七六二年から六三年にかけてグラスゴウ大学で行われた法学講義において、スミスもまた「社会の構成員各人に彼自身の所有権の安全で平和な保持を与えること」(Smith [1978] p. 5) こそ「正義」の目的であり、それが「市民政府の基礎」(*ibid.*, p. 398) だと述べていた。

統治体制論としては、スミスの「正義」論の主要な問題関心は、名誉革命後の「自由の合理的体制」の歴史的正当化にある。正規の政府は存在せず、自然法が妥当する狩猟段階から、畜群の私的所有の結果として所有者の保護のために最初の政府が成立する牧畜段階を経て、農業開始後に本来の意味での「市民政府」が成立する。スミスはそれを、古典古代のさまざまな政治体制、ゲルマン的自由保有地制、ノルマンの征服以後のイングランド封建制、エリザベス一世までの専制的政府、とたどったうえで、市民革命と名誉革命をへて議会の権威と国王からの独立が確立することによって「自由の合理的体制」が成立した、と述べる。「ここに適当に制限された種々の政治形態の幸福な混合があり、自由と財産に対する完全な保障がある」(*ibid.*, pp. 421-422)。これこそ、ファーガソンの言葉を使えば、「安全の土台」にほかならない。

そのようにして所有権を保障する「基礎＝土台」さえ固めれば、経済的活動に関しては、「低廉または豊富、あるいはそれと同じことであるが、富と潤沢とを獲得するためのもっとも適当な方法」(*ibid.*, p. 487) は一つしかない。「全体として物事をその自然なコースに任せて、商品に奨励金を許さず、課税もしないのが、優れた最上の治政 *Police* である」(*ibid.*, p. 499)。こうして、再びファーガソンの言葉を使えば、「上部構造」において「あらゆる職業の専門従事者が自分の個別的利益を追求する」ことから織りなされる経済的社会の全体像を描く試みが、一七七六年にいたって『国富論』へと結実する。いわば「上部構造」群の社会的編成を明らかにする学として、経済学は生誕したのである。

三 さまざまな土台、さまざまな上部構造

このように見てくれば、マルクス（とエンゲルス）が、一八四五―四六年の『ドイツ・イデオロギー』で、はじめて「土台と上部構造」という言葉を使ったときの文脈がよくわかる。

「ところで、市民社会という言葉は、一八世紀に、所有諸関係がすでに古代的および中世的な共同体から脱却しおえたときになって現れた。市民社会が市民社会として発展するのはブルジョアジーをまってである。どの時代にも国家ならびにその他の観念的上部構造 *Superstruktur* の土台

Basis をなしているところの、生産と交通から直接に発展する社会的組織は、しかし、ひきつづき同じ名で指称されてきた」（Marx［1845-46］S. 144. 一五二頁）。

たしかに「土台としての市民社会」は、一八世紀スコットランド啓蒙の概念であった。しかし、マルクスたちはそれを「国家ならびにその他の観念的上部構造の土台をなす、生産と交通から直接に発展する社会的組織」だと理解している。これは明らかに誤読なのだが、むしろヘーゲルの『法哲学』を経由した必然的な誤読だと言ったほうがいいだろう。『法哲学』では、「市民社会 *bürgerliche Gesellschaft*」は明らかにイギリス経済学から学び取られた社会的分業のシステム、「全面的依存性の体系」であると同時に「対立的諸関係」の場であり（Hegel［1821］S. 340-341. 四一四、四一六頁）、それを前提として、それを止揚したより高次の人倫的共同体として「国家」が成立するからである。そのような「人倫的共同体としての国家」なるものは「観念的上部構造」、「幻想的な共同社会性 *illusorische Gemeinschaftlichkeit*」（Marx［1845-46］S. 35. 三五頁）にすぎず、それこそまさに「ドイツ的なイデオロギー」の一つにすぎない、というのが、マルクスたちの批判の中心点であった。

初期マルクスの「市民社会」概念がヘーゲルの影響を色濃く残していることは、アンネンコフに宛てた一八四六年の手紙からもわかる。ここでも「市民社会」は「家族・身分・階級の組織形態」だからである。

「もし人間の生産能力の一定の発展段階を前提するならば、交易と消費の一定の形態が得られるでしょう。もし生産・交易・消費の特定の発展段階を前提するならば、社会的構成の一定の形態、家族・身分・階級の一定の組織、一言でいえば、一定の市民社会が得られるでしょう。一定の市民社会を前提するならば、その市民社会の公式的表現にほかならない、一定の政治的国家 *état politique* が得られるでしょう。……人間の物質的諸関係が、人間のすべての関係の土台 *base* です。この物質的諸関係は、人間の物質的および個人的活動が実現される必然的形態にほかなりません」(Marx［1846］S. 71. 五六三—五六四頁)。

この後、マルクスはもう「市民社会」という言葉を「人間の物質的諸関係」一般という意味では使わなくなるが、いずれにしても「人間の物質的諸関係」が「土台」だという認識はここでほぼ確立し、以後も同じような言い方が繰り返される。しかし、「物質的諸関係」が「土台」なのだとすれば、「上部構造」は「非物質的」なのだろうか。

一八五二年の『ルイ・ボナパルトのブリュメール一八日』では、マルクスは「上部構造」についてこう述べる。

「したがってこれらの分派［ブルジョアジー内部のオルレアン派と正統王朝派］を区別するものは、いわゆる原理ではなく、それぞれの物質的生存条件、二つの所有の種類の違いであり、都市と農村との昔からの対立、資本と土地所有との対抗関係であった。同時に、昔の記憶、個人的な敵意、悪い予感と希望、偏見と幻想、共感と反感、確信、信仰箇条、原理といったものが、彼らを一方のあるいは他方の王家に結び付けたということを、誰が否定するだろうか？　所有の、つまり生存条件の異なる形態の上に、独自に形作られた異なる感性、幻想、思考様式、人生観といった上

部構造 *Ueberbau* 全体がそびえ立つ。階級全体が、自らの物質的基礎 *Grundlage* から、そしてこの基礎に対応する社会的諸関係から、それらを創造し、形作る。それらは伝統と教育を通して個々人に注ぎ込まれるので、彼は、それらが自分の行為の本来の動因であり出発点をなすものだと思い込むこともありうる」(Marx［1852a］S. 121-122. 五七―五八頁)。

ここでは、特定の階級の「感性、幻想、思考様式、人生観」が「上部構造全体」だとされる。一言でいえば「伝統と教育を通して個々人に注ぎ込まれる」イデオロギーのことである。「上部構造」はたしかに「非物質的」で「観念的」なのである。ここでも「上部構造は物質的基礎の上にそびえ立つ」のだが、それは、特定の階級が「自らの物質的基礎から、そしてこの基礎に対応する社会的諸関係から、創造し、形作る」ものであって、マルクスはやはり「物質的基礎が上部構造を規定する」とは言っていない。

一八五七―五八年の『経済学批判要綱』にも、次のような文章がある。

「経済的な形態すなわち交換が、あらゆる面から見て諸主体の平等を措定するとすれば、交換を促す内容、すなわち個人的でもあれば物象的でもある素材は、自由を措定する。したがって平等と自由が、交換価値に基づく交換で重んじられるだけでなく、諸交換価値の交換が、あらゆる平等と自由の生産的で実在的な土台 *Basis* である。これらの平等と自由は、純粋な理念としてはこの交換の観念化された表現にすぎないし、法律的・政治的・社会的な諸関連において展開されたものとしては、この土台が別の位相で現れたものにすぎない」(Marx［1857-58］S. 168)。

ここでも、商品交換という「土台」が、その「観念化された表現」である「平等と自由」という「純粋な理念」を生産するのだから、『ブリュメール一八日』の言い方にならえば、この純粋理念こそ「上部構造」である。そのかぎりで、「上部構造」はやはり「非物質的」で「観念的」である。ただし、この理念はさらに「法律的・政治的・社会的な諸関連において展開され」るのだが、マルクスはそれも「この土台が別の位相で現れたものにすぎない」と言う。とすれば、それらの諸関連も「上部構造」だということになるだろう。『ドイツ・イデオロギー』の言葉を使えば、それらも「国家ならびにその他の観念的上部構造」の一部なのである。

もう一つだけ、『経済学批判』以後の著作から、一八七一年の『フランスの内乱』初稿の文章を見てみよう。

「プロレタリアートのなすべき仕事は、この組織された労働およびこの集中された労働手段が現在もっている資本主義的な性格を変え、それらを、階級支配と階級搾取の手段から、自由な協同労働の形態と社会的生産手段とに転化することである。他方、農民の労働は孤立した労働であり、その生産手段は細分され、分散している。こうした経済的差異のうえに、相異なる社会的・政治的見解 *vieus* からなる一つの世界が上部構築されている *superconstructed*」(Marx [1871] S. 62. 五二〇頁)。

ここでも「上部構築」されるのは、やはり「社会的・政治的見解の一世界」、つまりはイデオロギーなのである。

このように見てくれれば、マルクスが「土台と上部構造」という隠喩を使う場合、つねに同じ対象を指示しているわけではないし、社会の全体論的説明をしているわけでもなく、むしろ階級間のイデオロギー的な「差異」を具体的に説明しようとする場合が多い、ということがわかる。つまり、同じブルジョアジーの内部でも、金融資本家を中心とするオルレアン派と大土地所有者を中心とする正統王朝派のように、その「物質的生存条件」としての所有形態が異なれば、それぞれ「感性、幻想、思考様式、人生観」が異なるし、大工場労働者と小規模自営農民のように、労働の組織形態や生産手段の集中度が異なれば、「社会的・政治的見解」も異なるのであって、そのようなイデオロギー的な「差異」の根拠は「物質的諸関係」における「差異」に求めなければならない、ということである。

だから、そのときどきに説明したい場面に応じて、特定の階級の物質的生存条件としての所有形態が「土台」だったり、商品交換が「土台」だったりする。さまざまな「土台」があり、その「土台」に応じてさまざまな「上部構造」があるのだ。一貫しているのは、物質的諸関係が「土台」であり、さまざまな観念や理念や見解（つまりはイデオロギー）が「上部構造」だということである。言い換えれば、マルクスにとって「土台と上部構造」という隠喩は、ハリントンやファーガソンとは異なって、何よりもまずイデオロギー批判のための言説なのである。

このことを確認したうえで、改めて一八五九年の『経済学批判』序言の文章を読み直してみよう。

「人間は、彼らの生命の社会的生産において、一定の、必然的な、彼らの意志から独立した諸関係を、すなわち彼らの物質的生産諸力の一定の発展段階に対応する生産諸関係を受け入れる。これらの生産諸関係の総体は、社会の経済的構造を形成する。これが実在的土台 *die reale Basis* であり、その上に一つの法的・政治的上部構造 *Ueberbau* がそびえたち、この土台に一定の社会的意識諸形態が対応する。物質的生活の生産様式が、社会的・政治的および精神的な生活過程一般の条件を与える。人間の意識が彼らの存在を規定するのではなく、逆に彼らの社会的存在が彼らの意識を規定するのである。社会の物質的生産諸力は、その発展のある段階で、それらがそれまでその内部で運動してきた既存の生産諸関係と、あるいは同じことの法的表現にすぎないが、所有諸関係と矛盾するようになる。これらの諸関係は、生産諸力の発展諸形態からその桎梏に一変する。そのときから社会革命の時期が始まる。経済的基礎 *Grundlage* の変化とともに、巨大な上部構造全体が、徐々にであれ急激にであれ、変革される。このような諸変革の考察にあたっては、経済的生産諸条件における自然科学的に正確に確認できる物質的な変革と、人間がその中でこの衝突を意識し、それを闘い抜く形態である、法的、政治的、宗教的、芸術的あるいは哲学的な諸形態、簡単にいえばイデオロギー的な諸形態とをつねに区別しなければならない。ある個人が何であるかは、その個人が自分自身のことをどう思っているかによって判断されないのと同様に、このような変革の時期をその時期の意識から判断することはできないのであって、むしろこの意識を物質的生活の諸矛盾から、社会的生産諸力と生産諸関係との間に現存する衝突から説明しなければならない」(Marx [1859] S. 100-101. 六―七頁)。

スコラ的な細かい詮索は不要だろう。社会全体を一つの建物として見れば、「経済的構造=経済的生産諸条件」こそが「土台」だということ、「土台の上に上部構造がそびえ立つ」のだが、その「土台」(における諸条件の差異)に社会的意識(の階級によってさまざまに異なる)諸形態が対応するということ、さまざまなイデオロギー的諸形態は「土台」(における変化や諸矛盾)から「説明」されなければならないということ、それがこの文章の中心的論点である。すでに本書の第三章でも述べたことだが、ここでマルクスが試みているのは、現在進行中の錯綜した政治的事件やイデオロギー的闘争を了解可能なものにするための「説明」の方法の構築なのである。

マルクスの言いたいことは、彼が対比的に持ち出す個人としての人間の例に即してみれば、私たちにも実感的によくわかる。「人間の意識が彼らの存在を規定するのではなく、逆に彼らの社会的存在が彼らの意識を規定する」のであり、「ある個人が何であるかは、その個人が自分自身のことをどう思っているかによって判断されない」のだ。ほぼ同じことを、マルクスはすでに『ブリュメール一八日』でも述べていた。「私生活においては、ある人間が自分について考えたり言ったりすることと、彼が現実にどういう人間で何をするかということとは、区別されるのと同じように、歴史的闘争においてはそれ以上に、諸党派の決まり文句や思い込みと、彼らの現実の組織や現実の利害とは区別されなければならないし、彼らの想像と彼らの現実とは区別されなければならない」(Marx [1852a] S. 122. 五八一五九頁)。

しかし、「土台と上部構造」という隠喩がもつ意味は、それだけではない。マルクスにおいても、ハリントンやファーガソンと同じく、それは同時にやはり実践的な問題解決の手順を示す隠喩であった。

一八六九年の「相続権についての［国際労働者協会］総評議会の報告」において、マルクスは次のように述べている。

「相続法は、他のすべての民事立法がそうであるように、生産手段の私的所有、すなわち土地、原料、機械などの私的所有に基礎をおく社会の現存の経済的組織の原因ではなく、その結果であり、法的帰結である。奴隷を相続する権利が奴隷制の原因なのではなく、その反対に奴隷制が奴隷相続の原因であるのとちょうど同じように。／われわれが取り組まなければならないのは原因であって結果ではなく、経済的土台 *basis* であってその法的上部構造 *superstructure* ではない。……だから、われわれの大目的は、多くの人々の労働の果実を自分のものとする経済的な力をある人々に存命中に与えるような諸制度、を廃止することでなければならない」(Marx ［1869］ p. 65. 三六〇頁)。

労働者階級はまず何に取り組まなければならないのか、「土台と上部構造」という隠喩はまさに問題解決の優先順位を指示する。その意味で、マルクスにおいても「社会の建築術」は実践的な技術なのである。

四　「最終審級における決定」

マルクスはたしかに、どこでも一度も「土台が上部構造を決定する」とは言わなかった。これまで見てきたことからすれば当然のことだが、「建物」の隠喩にそのような決定論を求めるほうが無理である。ただしマルクスは、個々の人間について見れば、「彼らの社会的存在が彼らの意識を規定する」と述べていた。それからほぼ四〇年後、一九〇〇年の『夢判断』で、フロイトは、「夢の内容」は数多くの材料から「多面的に制約を受けている〔重層的に決定されている überdeterminiert〕」（Freud [1972] S. 462. 三九四頁）と述べることになる。この「重層的決定」という言葉をフロイトから借用したことについては、アルチュセール自身が何度か弁明しているが（Althusser [1968] p. 64. 中・二五二頁；[1993] p. 225. 二四九頁）、いずれにしても、これはマルクスのカテゴリーではない。

それでは「最終審級における決定」はどうなのだろう。アルチュセールは、これをどこから持ち出してきたのだろうか。一九六二年の「矛盾と重層的決定」で、彼はこの言葉をマルクスの「新しい概念」「新しい用語」だと説明しているが（Althusser [1965] p. 111. 一八一―一八二頁）、その典拠は示していない。その後もアルチュセールは繰り返し「最終審級における決定」について語っているが、その典拠を明らかにしたのは、ようやく一九七五年の「アミアンの口頭弁論」においてであった。彼はこう説明している。

「最終審級では土台ないし下部構造が決定力をもつ、と述べるとき、マルクスは、その決定力の及ぶ先が上部構造であると理解している。／たとえば、「不払い剰余労働の一部を直接的生産者のもとからくすね取る種別的な経済形態が、生産そのものから直接に生じる支配関係を決定し、その関係が今度は、生産へと決定的な仕方で反作用を及ぼす」。／しかしマルクスの考えている決定とは、最終審級での、と限定付けられた決定である。それは、エンゲルスがつぎのように言う通り。「唯物史観に従うなら、歴史における決定因は、最終審級においては、現実生活の生産・再生産である。マルクスも私も、それ以上のことは断言しなかった。この命題を続いて誰かがねじ曲げ、経済的要因が唯一の決定力である、などと言わせるなら、彼は当の命題を空虚で抽象的、ばかげた文章に歪曲しているのである」」（Althusser［1998］p. 209. 二七一頁）。

アルチュセールが最初に引用しているマルクスの文章は『資本論』第三部のものだが、ただしこれはエンゲルスが編集したテクストである（Marx［1894］S. 799-800）。マルクスの草稿原文はこうなっている。

「不払い剰余労働が直接生産者から汲み出される特定の経済的形態は、支配・隷属関係を規定するが、この関係は直接に生産そのものから生まれてきて、それはそれで生産を規定しているように見える」（Marx［1863-65］S. 732）。

アルチュセールは知らなかったようだが、この最後の一句を「その関係が今度は、生産へと決定的な仕方で反作用を及ぼす」と書き換えて「作用・反作用」論を捏造したのは、一八九四年のエンゲルスであった。しかし、ここでの「支配・隷属関係」は「直接に生産そのものから生まれる」実在的な関係であって、「上部構造」ではない。それは、マルクスが先の文章にすぐ続けて、「しかしこの関係の上には、生産諸関係そのものから生じてくる経済的共同組織 *Gemeinwesen* の全姿態と、同時にまたその特定の政治的姿態も築かれる」と述べていることからもわかる。いずれにしても、ここには「最終審級における決定」という概念も用語も出てこない。

アルチュセールが二つ目に引用しているのもエンゲルスの文章であり（Engels［1890］S. 463）、しかもエンゲルスが「最終審級における決定」について明言した唯一の文章である。これは一八九〇年九月二一日付のヨーゼフ・ブロッホ宛ての手紙の一節なのだが、この手紙は、「多くの個別意志の中から［歴史の］最終結果がいつでも生まれてくる」ことを説明するために、「無数の互いに阻害し合う力、すなわち力の平行四辺形の無限の集まりがあり、その中から一つの合成力――歴史的結果――が生まれる」（*ebd.*, S. 464）という物理学的アナロジーを展開したことでも有名なテクストであった。ちなみに、この「力の平行四辺形」については、アルチュセール自身が、一九六五年に発表した「矛盾と重層的決定」の「補遺」において、「この明証性は古典的なブルジョア・イデオロギーとブルジョア的経済学の諸前提の明証性以外のなにものでもない」（Althusser［1965］pp. 124-125. 二一八頁）と厳しく批判している。

すでに別のところで、エンゲルスによる『ブリュメール一八日』の読み方に即して詳しく検討したことがあるのだが（植村［2001］第一章）、いわゆる「唯物論的歴史観」に関するエンゲルスの説明の仕方は、一八八三年にマルクスが亡くなって以後、次第にマルクスのテクストが前提としていた具体的文脈とのつながりを失って抽象的なものになっていき、しかも、「力の合成」「作用・反作用」「相互作用」などの物理学的アナロジーが多用されるようになる。「土台と上部構造」についての説明も、その例外ではない。要するに、「最終審級における決定」もまた、最晩年のエンゲルスのカテゴリーではあっても、マルクスのカテゴリーではないのである。

しかし、一八七八年の『反デューリング論』では、「土台と上部構造」について、エンゲルスはまだこう述べている。

「結果として明らかになったのは、次のことである。すなわち、これまでのすべての歴史は階級闘争の歴史であったということ、これらのたがいに戦いあう社会階級は、いつでもその時代の生産関係と交通関係の、一言でいえば経済的諸関係の産物であるということ、したがって、社会のそのときどきの経済的構造が実在的基礎 *Grundlage* をなしているのであって、それぞれの歴史的時期の法的・政治的諸制度ならびに宗教的・哲学的その他の表象様式からなる上部構造 *Ueberbau* 全体は、最終審級においては *in letzter Instanz* この基礎から説明されるべきであるということ」(Engels［1878］S. 236. 二五―二六頁)。

さらに一八八三年のマルクスの葬儀に際しても、エンゲルスは次のような弔辞を述べている。

「ダーウィンが生物界の発展法則を発見したように、マルクスは人間の歴史の発展法則を発見しました。これまでイデオロギーの茂みの下に隠されていた次の簡単な事実がそれです。つまり、人間はなによりもまず飲み、食い、住み、着なければならないのであって、その後で政治や科学や芸術や宗教等々にたずさわることができるのだということ、ですから直接的な物質的生活手段の生産と、したがって一国民または一時代のそのときどきの経済的発展段階が基礎 *Grundlage* をなし、そこの人たちの国家制度や法的見解や芸術、さらに宗教的表象さえもがこの基礎から発展してきたのであって、だからこういうものもこの基礎から説明されなければならないのであり、これまでされてきたように、その逆であってはならない、ということです」(Engels [1883] S. 407. 三三一頁)。

「マルクスは人間の歴史の発展法則を発見した」という言い方を別にすれば、これら二つの文章がマルクスのテクスト群とそれほど離れていないことは明らかだろう。マルクス自身がそう述べてきたとおり、エンゲルスにとっても少なくともこの時期までは、いわゆる「唯物論的歴史観」とは「説明」の方法なのであり、「土台と上部構造」は、何が何から「説明」されなければならないのか、したがってまず何に取り組まなければならないのか、を指示する隠喩なのである。

結局のところ「重層的決定」も「最終審級における決定」も、最晩年のエンゲルスには見られるとしても、マルクスの中にははじめから存在しない思考であった。したがって、アルチュセールが見いだした「土台と上部構造のあいだに存在する関係をめぐる、あの理論的な空白」とは、そもそも「社会の建築術」には決定論的問題自体が存在しない、ということの証明であった。問題の不在証明としての「空白」。これはもう同義反復である。

こうして私たちは最初の問いに戻る。アルチュセールはマルクスにいったい何を求めていたのだろうか。彼の「重層的決定」論にはいったいどういう意味があったのだろうか。これはすでに「社会の建築術」の範囲を超えている。それに答えるためには、私たちは改めてアルチュセールその人の思想に分け入らなければならない。

第五章　重層的決定と偶然性——あるいはアルチュセールの孤独

はじめに

ルイ・アルチュセールほど孤独について繰り返し論じた思想家はいないかもしれない。論じられた孤独の意味は、しかし時間とともに微妙に変化している。たとえば一九六四年の「フロイトとラカン」では、彼は「同時代におけるフロイトの孤独」をこう描いている。

「私が言っているのは人間的な孤独のことではなく（彼には、貧困を味わったとはいえ、先生や友人がいた）、理論上の孤独のことである。というのも、彼が実践の指定場所で毎日見出すことになった異常な発見を思考したいと思ったとき、すなわち、その発見を抽象的な概念の厳密な体系という形式のもとで実現したいと思ったとき、たとえ理論上の先例を、理論における父親を自分のために探しても、そういうものをほとんど見つけられなかったからである。以下のような理論上の状況を蒙り、それを改善しなければならなかったのだ。自分自身にたいして自ら父親になること。自らの発見を位置づけるための理論的な空間を職人として自らの手で構築すること」(Althusser [1993] p. 27. 二九頁)。

ここでは「孤独」とは、「理論上の先例」を見つけられなかった理論的開拓者の独創性を強調するための表象である。英雄伝説への欲望。しかし、それから一三年後の一九七七年に書かれた「マキャヴェリの孤独」では、孤独の意味はもう少し深刻である。

「これら読者を彼が敵・味方になるまで分裂させ、しかも歴史的な環境が変わっても、そう分裂させるのをやめないでいるということは、特定の陣営を彼に指定する難しさ、彼を分類する難しさ、彼が誰で、何を考えているかを言う難しさを証明している。彼の孤独とは、まずこれである。分類しがたい人と見えること、この人はアリストテレスの伝統に入る、この人は自然法の伝統に入る、といったようには彼をほかの思想家といっしょに特定の陣営、特定の伝統に入れることができないこと」(Althusser [1998] p. 313. 四〇七頁)。

ここでも「孤独」とは「理論上の孤独」のことなのだが、それはたんに先例がないということだけではなく、その理論あるいは思想が結果として引き起こす「孤独」、つまり「特定の陣営、特定の伝統に入れることができない」という思想そのものの孤立無援状態を意味しているのである。

アルチュセールは、こういう言い方もしている。

「おそらくここにマキャヴェリの孤独の極みがある。政治思想史の中につかのま彼が占めたユニークな席に。道徳的教化をめざして長らく続いてきた宗教的・理想主義的政治思想の伝統、彼が峻拒した伝統と、それに続く自然法という政治哲学の新しい伝統、すべてを覆い尽くし、新興ブルジョアジーの自己確認をなした伝統との隙間にある席。後者の伝統がすべてを覆い尽くしてしまう前に、前者の伝統から自由になったこと、これがマキャヴェリの孤独である」(*ibid.*, p. 319. 四一六頁)。

古い伝統を峻拒してそれと闘っている間に、自分の闘いとは遠いところで新しく出現した思想が、この自分をも押しのけて「新しい伝統」の地位を獲得しつつある。そのような「隙間にある席」しか与えられなかった孤立無援の単独者の悲哀。

この二つの「孤独」の間には、おそらくはアルチュセールが自覚した彼自身の孤独の深まりがある。「重層的決定 *surdétermination*」や「構造的因果性 *la causalité structurale*」という概念をマルクス主義に導入することによって、ヘーゲル主義的マルクス主義や実存主義的マルクス主義を峻拒し、マルクス主義内部での「認識論的切断」を理論化しようとしながら、結果的に、フランス共産党内では主流的立場を占めることができずに孤立し、思想的言説空間では「構造主義」や「ポスト構造主義」へと向かうマルクス離れに棹さしてしまった、という孤独。あるいは、アルチュセール自身のメタファーを使うならば、理論における父親を見つけることができないままに自らが父親になることを決意し、ある思想的伝統との闘いに入ったものの、一三年間にわたる理論構築の試みの後に見いだしたのは、跡を継ぐはずの息子の不在あるいは離反だった、という孤独。アルチュセールの自伝には、次のような文章が繰り返し現れる。「私には本当に父親があったのだろうか」(Althusser［1992］p. 43. 五四頁)。「実をいうと私が手に入れたかったものは、自分自身の父親になるという役どころだったのである」(*ibid.*, p. 163. 二二七頁)。

「おそらくここにアルチュセールの孤独の極みがある」と、すでにグレゴリー・エリオットが(「マキャヴェリの孤独」に重ね合わせた美しい論文「アルチュセールの孤独」で)書いている。つまり、「現代思想の歴史において、自分がラディカルに批判し再構築しようとしたマルクス主義の伝統と、先行者［である自分］を覆い隠してしまい、六八年世代が自己イメージをその中に見いだすことになった「ポスト・マルクス主義」との間の、ユニークで不確定な席を占めたという事実」(Elliott［1993］pp. 33–34)に、である。

アルチュセールのこの孤立無援の理論構築の試みが、フランス内外でのスターリン主義と反(あるいは脱)スターリン主義との対立状況への介入としてどのような同時代的意味をもっていたか、ということについては、エリオットの論文やマーティン・ジェイの大著の一章が詳しいし(Jay［1984］Ch. 13)、弟子にして友人であるエティエンヌ・バリバールの証言もある(Balibar［1991］)。アルチュセールの孤独そのものについて私が付け加えるべきことは何もない。また、彼の「重層的決定」論や「最終審級における決定」論がマルクスの読み方としてどのような問題を含んでいるか、ということについては、前章ですでに論じた。ここで私が改めて論じてみたいのは、アルチュセールの「重層的決定」論の意味とその行方である。

一　「矛盾と重層的決定」

よく知られているように、アルチュセールの学問的出発点となった高等研究資格論文は「ヘーゲルの思考における内容について」と題されたヘーゲル研究であり（Althusser［1994］pp. 59-246. 五一―二一七頁）、その彼がマルクス主義哲学者として一貫して持ち続けたのは、ヘーゲルとマルクスの弁証法の「構造的な差異」（Althusser［1965］p. 92. 一五五頁）は何かという問題であった。「重層的決定」も、まずは「矛盾についてのマルクス主義的概念」（*ibid.*, p. 92. 一五六頁）として導入されたものである。

アルチュセールが一九六二年の論文「矛盾と重層的決定」で最初に提起したのは、「革命はなぜロシアにおいて可能であったか？　革命はなぜロシアにおいて勝利をおさめたのか？」（*ibid.*, p. 93. 一五七頁）という歴史的な問いであった。その答えは、「ただ一国において当時可能であったあらゆる歴史的矛盾の集積と激化」にある。彼は、レーニンの諸著作に依拠しながらこう続けている。

「二〇世紀の初頭、司祭たちの欺瞞のもとに、膨大な数の「蒙昧な」農民大衆のうえに、脅威が高まっていただけにいっそう苛酷にのしかかっていた封建的搾取体制の諸矛盾……。大都市とその周辺、鉱山や油田地帯等々において大規模に発展した資本主義的、帝国主義的搾取の諸矛盾。さまざまな民族の全体に押しつけられた植民地的搾取と戦争の諸矛盾。資本主義的生産方法の発展の段階……と、農村の中世的な状態とのあいだの矛盾。搾取者と被搾取者とのあいだだけでなく、支配階級自体の内部……にもあった全国的な階級闘争の激化」(*ibid.*, pp. 94-95. 一五八頁)。このような諸矛盾に「さらに「例外的な」他の諸状況」がつけ加わる。

「ツァーの圧迫によって亡命をよぎなくされたロシアの革命的エリートの「先進的」性格。……一九〇五年の革命の「総稽古」……。最後に、……帝国主義諸国の疲弊がボルシェヴィキに歴史における「彼らの突破口」をつくらせるために与えた予期しない「休止」と、ツァーを排除しようとした英仏ブルジョアジーの不本意ではあるが有効な支持」(*ibid.*, p. 95. 一五九頁)。

しかし、これは何に対する答えなのだろうか。アルチュセールが言いたいのは、結局次のことに尽きている。

「たとえ矛盾一般(しかし矛盾はすでに特殊化されている。つまり、敵対する二階級のあいだの矛盾のうちに本質的に具現された生産力と生産関係のあいだの矛盾)によって、革命が「日程にのぼっている」状況が充分に規定されるとしても、この矛盾は、その直接の効能だけでは、「革命的状況」を誘発することはできないし、ましてや革命の破壊的状況や革命の勝利を誘発することはできない」(*ibid.*, pp. 97-98. 一六二頁)。

そんなことは当たり前ではないか、と言って済ませればいいのだろうか。別にマルクス主義的革命家でなくても、具体的な歴史的状況を考察しようとするほどの者なら誰でもそんなことは知っている、と。しかし、アルチュセールが「重層的決定」というフロイトの用語を持ち込むのは、まさにここなのである。

「「矛盾」は、矛盾がそのなかで作用する社会全体の構造から切り離すことができず、また存在の形式的な諸条件、およびそれが支配する諸審級からも切り離すことができない。したがって矛盾それ自体は、その核心においては、それらによって影響され、同じ一つの運動のなかで、決定するものであると同時に決定されるものであり、それが活動力をあたえる社会構成体のさまざまな水準とさまざまな審級によって決定されるものである。それゆえ、われわれは矛盾は、原理的に言って重層的に決定されると言うことができる」(*ibid.*, p. 99. 一六五頁)。

アルチュセールは、「その重層的決定という用語(他の学問分野から借用した)にとくに執着してはいない。しかし、他に適当なものがないのでこの用語を一つの指標としてと同時に一つの問題として使用するのであり、またこの用語が、われわれがなぜヘーゲル的矛盾とはまったく別のものを問題にしているかをかなりよく示すことができるので、使用するのである」(*ibid.*, p. 100. 一六五頁)と断っているが、ここでの「重層的決定」とは、要するに、歴史的出来事を「単一の内的原理に還元すること」(*ibid.*, p. 102. 一六八頁)など不可能だ、ということにほかならない。つまり、「重層的決定」とは、さまざまな要因が複合的に絡まり合った歴史的状況 *conjoncture* の複雑性を表現する名辞なのである。アルチュセールはそれを「例外的状況の例外性」とも言い換えている。

「レーニンの実践と反省が証明しているように、ロシアにおける革命的状況がまさしく階級の基本的な矛盾の強度の重層的決定という性格に基づいているというのが真実であれば、おそらくこの「例外的な状況」の例外性がなにに基づいており、またあらゆる例外と同様に、この例外はその規則に照明をあたえはしないか、——規則のあずかり知らぬことであるが、例外が規則そのものではないかどうかを自問する必要がある。実際、結局のところわれわれはつねに例外のなかにいるのではないだろうか？　……さまざまな例外、だがそれらは何にたいしての例外なのだろうか？　純化された、単一の「弁証法的」図式の、抽象的ではあるが気持ちのよい、人を安心させるある種の理念にたいする例外ではなかろうか？」(*ibid.*, p. 103. 一七一頁)

しかし、「例外が規則そのもの」であるのだとしたら、そして「われわれはつねに例外のなかにいる」のだとしたら、「重層的決定」などという概念にどのような存在理由があるのだろう。アルチュセールにとっても、それが問題であった。

「だが、それならば、もしあらゆる矛盾が歴史的実践のなかで、またマルクス主義の歴史的経験にとって重層的に決定された矛盾として現れるとすれば、もしヘーゲル的矛盾にたいして、マルクス主義的矛盾の種差性を構成するのがこの重層的決定であるとすれば、もしヘーゲル的矛盾の「単一性」が、「世界観」とくにそれを反映する歴史観につながるのであれば、マルクス主義的矛盾の重層的決定の内容とはいかなるものであり、その存在理由は何であるかを尋ね、またマルクス主義的社会観がいかにしてこの重層的決定のなかに反映されうるかを知る問題を提出する必要がある。この問題は重要である。なぜなら、マルクス主義における矛盾の独自の構造と、彼の社会観および歴史観とを結びつける必然の絆を示さないかぎり、マルクス主義歴史理論の概念そのもののなかにこの重層的決定の基礎を築かないかぎり、このカテゴリーは「宙に浮かんだ」ものとしてとどまるであろうことは明白だからである。じっさい、このカテゴリーは、いかに正確であり、たとえ政治的実践によって検証されているとしても、これまでのところは、記述的 *descriptive* なものにすぎず、したがって偶然的 *contingente* であり、――それゆえに、あらゆる記述と同様、出現するあらゆる哲学的理論の意のままになるからである」(*ibid.*, p. 106. 一七四頁)。

このように「重層的決定」という概念でアルチュセールが考えようとするのは、「これまでのところは記述的なものにすぎず、したがって偶然的」である事態だということを改めて確認しておこう。後に一九七二年から一九八六年にかけて書き継がれた草稿「マキャヴェリと私たち」では、彼は、マキャヴェリの思考と実践に即しながら、その対象となる「偶然的」なものを「不確定空間 *l'espace aléatoire*」と名付けている。

「国民 *nation* は階級闘争の賭金であり、その結果である。そして階級闘争が目標とするのは、すでにある形態の征服ではなく、まだ実在しない形態の現実性なのである。まだ実在しないいゆえに、この形態がどんなものとなるかは、既存の諸要素の配置に依存している。言い換えると、国民を実現する可能性と限界は、経済的要因だけではなく、地理的、歴史的、言語的、文化的な一連の存在要因全体に依存しており、それらの諸要因が、いってみれば不確定空間を形成して、国民はそのなかで具体的形態を取ることになる」(Althusser [1995] p. 53. 六七三—六七四頁)。「重層的決定」という概念をマルクス主義の中に導入するということは、このような、いわば答えようのない問いを発することであった。「例外的」で「偶然的」で「不確定」な事態をそのようなものとして「決定」する「必然の絆」という、見いだしようのない答えを見いだそうとすること、それが以後のアルチュセールの思考の軌跡なのである。

二 「最終審級における決定」と位相論

アルチュセールは結局、この「重層的決定」という概念の正当化の根拠をマルクスのテクスト中に見つけることはできなかったが、その代わりに彼が見つけたのは、老エンゲルスの「最終審級における決定」という表現であった。「重層的決定」という概念は、一九六二年の段階では、いわば「上部構造の相対的自律性」と「最終審級における決定」というエンゲルスの表現を唯一の頼みの綱として、マルクス主義に係留されたのである。彼が引き合いに出したのは、一八九〇年のエンゲルスの次のような文章であった。

「経済状態は土台です。しかし、上部構造のさまざまな諸要因——階級闘争の政治的諸形態と闘争の諸結果——戦いを勝ち取った後に勝利した階級により確定される諸制度など——法形態、はたまたこれら現実の諸闘争すべての、これに関与した者たちの頭脳への反映、すなわち政治的、法律的、哲学的諸理論、宗教的見解とその教義体系への発展が、歴史的な諸闘争の経過に作用を及ぼし、多くの場合に著しくその形態を規定するのです。それはこれらすべての要因の相互作用であり、そのなかで結局はすべての無数の偶然事（すなわちその相互の内的な関連があまりにも隔たっているか、またはあまりにも証明不可能であるために、われわれとしてはそのような内的関連が存在しないとみなし、無視することができるような物事や事件のことです）を通じて、必然的なものとして経済的運動が貫徹するのです」（Engels［1890］S. 463）。

エンゲルスは、ここでたしかに歴史における経済以外の諸要因の規定性を認めているが、それでも長期的に見れば、「結局のところ［＝最終審級において］決定的なのは経済的な前提と条件」（*ebd.*, S. 463）だと述べている。しかし、アルチュセールの疑問は、「例外的状況」を決定するのが「諸審級における諸要因の諸決定」であるならば、それこそが「規則」なのではないか、ということであった。問いの方向の違いは決定的である。だからアルチュセールは、次のような言い方で、結局はエンゲルスと決別せざるをえない。

「私としては、ここで、経済的なものによる最終審級における決定にたいする有効な諸決定（上部構造および、国内的、国際的な特殊な諸状況から生じる）の集積と呼ぶことのできるものを取り出すだけで充分である。ここにおいてはじめて、私が提起した重層的に決定される矛盾という表現が明らかになるように思われる。……上部構造および国内的、国際的変動の諸形態が、大部分は種差的であり自律的であり、したがって純然たる現象に還元できない現実的存在であることが認められるやいなや、この重層的決定は不可避的となり、思考可能なものとなる。……すなわち、この重層的決定は歴史の一見して特殊な、あるいは異常な状況（たとえばドイツ）にかかわるものではなく、普遍的なものであり、経済的な弁証法はけっして純粋状態で作用するものではなく、また《歴史》において見られることは、これらの上部構造、その他の審級が作用をなしとげたのちにうやうやしく遠ざかったり、あるいは《時》が来たために、《経済》陛下が弁証法の王道を進むことができるように、自らはその純然たる現象として姿を消すなどということではけっしてないのである。最初の瞬間にせよ、最後の瞬間にせよ、「最終審級」という孤独な時の鐘が鳴ることはけっしてない」（Althusser［1965］pp. 112-113. 一八三—一八五頁）。

つまり、アルチュセールにとって「最終審級における決定」とは、永遠に訪れることのない「最後の審判」のような極限概念にすぎないのである。言い換えれば、「重層的決定」とは、「最終審級における決定」という表現にもまだ残っている「単一の内的原理への還元」をいっさい否定し、それに対してさまざまな審級の「有効な諸決定の集積」という複合性こそを直視しようとする、そのような理論的決意表明なのである。ただし、それはまだ決意表明であって理論ではない。アルチュセール自身がこう述べている。「上部構造やその他の「状況」の独自の有効性についての理論は大部分が今後ねりあげられるべきものであると言わねばならない」（*ibid.*, p. 113. 一八五頁）。

ここからアルチュセールはどこまで行くことになるのだろう。「重層的決定」が「最終審級における決定」への懐疑の表明なのだとすれば、言い換えれば、エンゲルスが述べたような「すべての無数の偶然事を通じて、必然的なものとして経済的運動が貫徹する」という認識を拒否するものだとすれば、「重層的決定」とは「無数の偶然事の集積」の別名にすぎないことになるのではないだろうか。

アルチュセールはそのことを恐れていたのかもしれない。そう考えれば、彼が、「矛盾と重層的決定」への「補遺」（一九六五年）の中で、エンゲルスの思考を「古典的なブルジョア・イデオロギーの明証性」（*ibid.*, p. 125. 二一八頁）にすぎないと断定した語調の激しさも理解できる。恐れの転移なのだ。そこでの表現によれば、エンゲルスの「最終審級における決定」という「モデル」は「中途半端な解決」にすぎない。

「なぜなら、これらの偶然とこの必然のあいだの関係は確立されておらず、解明されてもいないし（これはまさしくこの関係を否定することであり、したがってその問題を否定することであるが）、エンゲルスはこの必然を、これらの偶然に対して完全に外的なものとして（無数の偶然のあいだで結局は自己の道を切りひらく運動として）提出しさえしているからである。しかしそうだとすれば、われわれはこの必然がまさしくこれらの偶然の必然であるのか、またそうだとすれば、なぜそれが必然であるのかを知らないのだ。この問題は未解決のままである」（*ibid.*, pp. 118–119. 二〇七頁）。

それでは、アルチュセールはこの問題を解決することができたのだろうか。解決の一つの試みとして、彼は一九六七年から一九七五年にかけて「位相論 *topique*」に手がかりを求めている。「土台と上部構造」という隠喩を「位相の配置」として読み取ろうという試みである。ただし、結論を先に言えば、それは空しい努力だった。

アルチュセールは、一九六七年秋の「哲学についてのノート」ではじめて「位相論」に言及しているが、その時点では、それは「マルクス・レーニン主義の革命家や精神分析家の実践のような実践」のための指針として考えられていた。彼らは、「自分の実践を通じて変えようとしている状況のなかで、自分の実践を通じて関係しあう他の「諸要素」が占めている場所との関連で、自分がいかなる場所を占めているのかを知る」必要があるのだが、「自分の場所を知るためには、場所の多面的位置決定が、すなわち位相構造の把握が前提となる」(Althusser [1995] pp. 326-327. 九〇四―九〇五頁)、ということである。

しかし、一九七二年の「自己批判の要素」では、「位相論」の意味は変化している。位置そのものが規定性を示すというのだ。「経済的下部構造が「下方に」、それ固有のさまざまな決定力を伴わされた上部構造が「上方に」。……下部構造のその位置が、端折ることのできない現実性を、すなわち、最終審級での経済的なものによる決定を指し示す」(Althusser [1998] pp. 187-188. 二三五―二三六頁)。一九七五年の「アミアンの口頭弁論」でも、同じ説明が繰り返される。「マルクス主義的位相論は、社会を建物の隠喩として与える。建物のもつまっとうなロジックから言って、すべての階は土台に支えられる」(*ibid.*, p. 208. 二七一頁)。

位置そのものが規定性を示すというこの発想は、おそらく「無意識／前意識／意識」(一九二〇年代以降は「エス／自我／超自我」）というフロイトの「局所論 *Topik*」のアナロジーである。しかし、アルチュセールの「位相論」は、「土台は土台であるがゆえに最終審級である」ということに尽きる。これは同義反復にすぎない。そもそもたんなる建物の隠喩に「偶然と必然」に関する決定論的な理論を求めようとすること自体が無理なのである。こうして話は再び振り出しに戻る。「マルクス主義歴史理論の概念そのもののなかにこの重層的決定の基礎を築く」ことは、いったいどうすれば可能なのだろうか。

三　構造的因果性

先に見たように、アルチュセールが一九六二年に「重層的決定」という言葉で表現しようとしたのは、歴史における「例外的状況」を決定する諸矛盾の複合性であった。一九六三年の「唯物弁証法について」での説明によれば、矛盾が「複合的に—構造的に—不均等に決定されている」という「ひどい表現」よりは、「打ち明けて言えば、それより短い一つの言葉——重層的に決定される、という言葉を私は好んだのである」（Althusser［1965］p. 215. 三五七頁）。しかし、一九六五年の『資本論を読む』での説明は、それとは明らかに異なっている。ここでは、「重層的決定」という概念で表現しようとしたのは、「構造による構造の決定」であり、「構造的因果性そのもの」だというのだ。

「このテクスト［『要綱』序説第三章］において問題になっているのは、支配的生産構造による特定の従属的生産構造の決定であり、したがって、ひとつの構造の他の構造による決定、支配的で規定的な構造による従属的構造の諸要素の決定である。私は前に、精神分析から借りた重層的決定の概念によって、この現象を説明する試みをしたことがあるが、精神分析の概念をマルクス主義理論に移転させることは恣意的な借用ではなく、必然的な借用であるとみなしてよい。というのは、どちらのケースでも、問われていることは同じ理論的問題であるからだ。その問題とはこうである――どのような概念をもって、構造による要素の決定、構造による構造の決定を思考することができるのか。……われわれはこの問題を《Darstellung》（叙述、上演）の概念のなかに全面的に要約することができる。この概念はマルクス主義の価値理論全体の認識論的な鍵概念であって、その対象はまさに結果における構造の現前様式、したがって構造的因果性そのものを指示するのである」（Althusser［1968］p. 64. 中・二五二―二五三頁）。

「構造的因果性」という概念が表現するのは、「構造はその結果に内在しており、スピノザ的意味で結果に内在する原因であり、構造の現存全体はその結果のなかにあり、要するにそれ自身の諸要素の独自の結合にほかならない構造はその結果の外部では何ものでもない」（*ibid.*, p. 65. 中・二五六頁）、という事態である。この概念もまたフロイトに由来することを、アルチュセールは一九六七年秋の「哲学についてのノート」で示唆している。「後に続く哲学が練り上げられる、あるいは練り上げ可能になるには、時間がかかる。……（たとえば、フロイトに由来する本質的ななにかがあってはじめて、われわれは「構造的因果性」がはっきり分かる、あるいはむしろ、「構造的因果性」というカテゴリーを提出することができる、というふうに)」(Althusser [1995] pp. 331-332. 九〇九—九一〇頁)。

ここでもアルチュセールの発想のもとになったのは、おそらくフロイトの「無意識」とマルクスの「生産様式」とのアナロジーであった。一九六六年八月二二日の「D [ルネ・ディアトキーヌ]への手紙」で、彼は次のように説明している。

「マルクスは、新たな現実が発現したそのメカニズムを説明しておこうとはっきり言っているのだが、ヘーゲル型もしくは進化論型の定式化をいくつか試みたにもかかわらず、自らの理論的作業の実践において発生 *genèse* に関する諸概念(ヘーゲル的諸概念)をはねつけることによってはじめて、そのメカニズムが説明できた……。しかもそれと同時に、この新たな構造は、いったん発現すれば、ちょうど無意識と同じように非時間的に機能する。マルクスは、どんな生産様式も「永遠」であると適切な用語で言っている。……彼が生産様式は「永遠」であると言うとき、生産様式が閉じた回路として、無時間性の様式に基づいて機能するということ、「年代順」、すなわち、単なる時間の継起あるいは、通俗な意味での歴史性という時間性に従うどころか、それがちょうど無意識と同じようにそのような時間性からは独立して、絶えず自分自身を再生産し、この無—時間的、非—時間的、「通時的」再生産が、その他のすべての意味でと同様に経済的意味での「生産」の絶対的条件であるということを言いたいのだ。……生産様式の「永遠性」は、個体の現実の歴史が無意識の非時間性と両立しないわけではないのと同じように、現実の歴史、今問題になっている生産様式のもとで産みだされたはっきり決定された歴史上の時間性と両立しないわけではない。いずれの場合にも、この現実の歴史は構造（前者は生産様式、後者は無意識）の無―歴史性によって決定されているのである」（Althusser［1993］pp. 93-94. 一〇四―一〇五頁）。

アルチュセールは、こうして『資本論』の認識対象としての「生産様式」の構造的再生産を解明しようとしたのだが、「構造的因果性」が「無―時間的、非―時間的、通時的再生産」を明らかにするための概念だとすれば、これはもう「例外的状況の例外性」に関する思考ではないだろう。彼が「重層的決定」という言葉に込めた意味合いは、一九六二年からは明らかに変化している。しかし、むしろフロイトには近づいたのである。

だからアルチュセールは、同時に、フロイトの「無意識」にもっと即した形でイデオロギー論の構築へと向かっていく。一九七六年の「フロイト博士の発見」では、彼はラカン以上にフロイトを評価するにいたる。

「その点についてほとんど語らない、あまりに語ることの少ないラカンや、逆にその点についてしか語らないライヒと違って、フロイトは家族、道徳、宗教などの存在をきわめて重視していた。私自身の言葉を用いるならば、国家のイデオロギー装置の存在が幼児に、したがって幼児の無意識の性欲やその無意識的な抑圧におよぼす影響をきわめて重視していた」（*ibid.*, p. 212. 二三六頁）。

同年の論文「マルクスとフロイトについて」からも、アルチュセールが「無意識の理論」をイデオロギー批判の理論として理解していることがわかる。

「実際フロイトは、無意識の理論を樹立することによって、哲学的、心理的そして倫理的なイデオロギーの大きな弱点に触れたのである。無意識とその効果を発見したフロイトは、「意識」によって統一性が保証される、あるいは完成される「主体」としての「人間」に関する「自然的」で「自然発生的」なある種の考え方を批判したのだ。……意識によって統一性が保証される、あるいは完成される主体としての人間というイデオロギーは、いい加減な断片的なイデオロギーではなく、とりもなおさずブルジョア・イデオロギーの哲学的形態にほかならない」(*ibid.*, pp. 232–233. 二五六—二五七頁)。

こうしてこれ以後は、イデオロギーの「構造的因果性」の解明こそがアルチュセールの思考の中心に置かれることになった。彼が一九七六年に確認しているように、「『資本論』はこの「具体的な個人を形作る」数多くの決定のうちで最も重要なものの研究にとどまっており、「数多くの決定の総合」によって具体的な個人を再構成しようとはしていない」(*ibid.*, pp. 237–238. 二六一頁)。だからこそ、『資本論』が対象とした「生産様式」という大きな構造とは別に、人間諸個人を「数多くの決定の総合」たる構造として思考することが、改めてアルチュセールの課題になったのである。

「重層的決定」とは、本来は夢の内容やヒステリーの症状において複数の無意識的・前意識的願望が「一つの表現において出会う」(Freud [1999] S. 575. 四六七頁) 事態を表す概念なのだから、それがイデオロギー論に適用されるのはむしろ当然だろう。その後のアルチュセールが、フロイトやラカンを援用しながら、「人間と自らの「世界」との関係の表明であり、言いかえると、自らの現実の実在条件にたいする、現実上の関係と想像上の関係との（重層的に決定された）統一体」（Althusser [1965] p. 240. 四一五頁）という独自のイデオロギー概念に基づく上部構造論を構築していったことはよく知られているし、彼のイデオロギー論の特徴と問題点については、ジェイのほかにもテリー・イーグルトンによる詳細な批判的考察がある（Eagleton [1991] pp. 136-153. 二三九—二六六頁）。

しかし、生産様式論とイデオロギー論の外部では、アルチュセールの「重層的決定」論はいったいどこに行ってしまったのだろうか。歴史における「例外的状況の例外性」や「偶然性」についての理論的思考は、どうなってしまったのだろうか。

四　偶然性と出会い

一九六二年の問題設定が忘れ去られたわけではない。一九七六年の「マルクスとフロイトについて」でも、アルチュセールはこう述べているからである。

「かつて私は、（フロイトから借りた）重層的決定というカテゴリーがマルクスとレーニンの分析によっていわば要請され、期待されていたことを示すことによって、マルクスとフロイトの驚くべき類似性の一例をあげたことがある。重層的決定というカテゴリーはマルクスとレーニンによく適合するし、そのうえ、まさに矛盾が重層的に決定されていないヘーゲルと、マルクスやレーニンとの違いを際立たせるという利点を有している」（Althusser [1993] p. 225. 二四九頁）。

しかし、アルチュセールが「重層的決定」という言葉を使ったのはこれが最後であった。「マルクス主義歴史理論の概念そのもののなかにこの重層的決定の基礎を築く」という課題は、これ以後は放棄されたように見える。おそらく「決定」という言葉そのものが重荷になってきたのだ。その代わりにアルチュセールの問題関心の中心を徐々に占めるようになったのは、偶然の「出会い *rencontre*」の重要性である。

たとえば、一九六七年の「ヒューマニズム論争」では、資本主義そのものが複数の要素の「出会い」の結果として説明されている。

「資本主義は一つの結果、しかもあらゆる結果の例に漏れず、歴史過程の結果である。……ところが資本主義は、発生 *genèse* という形式をもたない過程からの結果なのだ。発生という形式をもたない過程とはなにか。マルクスは何度も述べている。規定された複数の要素が出会う過程である、と。それら不可欠で判明な要素は、先行する歴史過程のなかで、それぞれ独立の異なる系譜を経由して生まれたのであり、しかも遡れるものなら、「起源」は複数あることになろう。貨幣資本の蓄積、「自由な」労働力、技術革新、等々。明快にいっておくと、資本主義は、遡行すれば起源、「即自」、「萌芽」といったものとしての封建的生産様式にたどり着けるような発生の結果ではなく、一つの複合的過程の結果なのだ」（Althusser［1995］p. 540. 一〇九四頁）。

このような「発生＝創世記という形式をもたない過程」をアルチュセールはこう名付けている。「非発生的突然変異の弁証法 *une dialectique de mutations non génétiques*」。それこそ、マルクスとダーウィンが発見したものなのである。

「哲学の視点から見れば、[マルクスとダーウィンによる]あれらの発見ははるかに広い射程の意義をもつ。実際、ある正確な一点に関し、あれらの発見は進化過程を遺伝学的に捉える見方の無効を、したがって発生についての進化論的イデオロギーの無効を証明し、まったく別の弁証法のイメージを差し出している。それは、進化論の目的論的弁証法、単なる貧乏人のヘーゲル主義とはおよそ異なる、非発生的突然変異の弁証法である」(*ibid.*, pp. 527-528. 一〇八二頁)。

歴史における「非発生的突然変異」に関するアルチュセールのこのような考えは、興味深いことに、現代のダーウィン派の進化生物学者の歴史認識とほとんど一致する。スティーヴン・ジェイ・グールドは、生物進化を「宝くじのような悲運多数死 *decimation*」として、つまり「大量絶滅」と「断続平衡」の複雑な相互作用として考え抜こうとした『ワンダフル・ライフ』の中で、次のように述べているからである。

「私が問題にしているのは、あらゆる歴史の中心原理である「偶発性 *contingency*」である。歴史的な説明がその基礎をおいているのは、自然法則からの直接的な演繹ではなく、予測のつかないかたちで継起する先行状態である。この場合、一連の先行状態のうちのどれか一つが大きく変わるだけで、最終結果が変更されてしまう。したがって歴史上の最終結果は、それ以前に生じたすべての事態に依存している([すなわちそれを]偶発的な付随条件としている)わけで、これこそが、ぬぐい去ることのできない決定的な歴史の刻印なのである」(Gould [1989] p. 283. 四九〇頁)。

アルチュセールによれば、そもそもマルクス主義の形成そのものが「出会い」の結果であった。一九七八年の「自らの限界にあるマルクス」で彼はこう述べている。

「労働者階級の「有機的」知識人としての歴史的な役割をマルクスとエンゲルスに割り振った、ほんとうの意味での運命は、出会いによって決まった。彼らがかいくぐった直接的で実践的な経験、要するに、個人的な経験によって決まったのだ」(Althusser [1994] p. 389. 三四九—三五〇頁)。

このように偶然の「出会い」を重視し、「非発生的突然変異の弁証法」をもって「進化論的イデオロギーの無効」を宣言しようとするアルチュセールが最後にたどり着いたのが、「出会いの唯物論」であった。一九八二年の試論「出会いの唯物論の地下水脈」の中で、彼はそれを次のように説明している。

「話を分かりやすくするために、この唯物論をさしあたり出会いの唯物論と呼んでおこう。それはすなわち不確定なもの *aléatoire*、偶然性 *contingence* の唯物論であり、一つのまったく別の思考として、さまざまな既知の唯物論に対立する。後者のなかには、ふつう、マルクス、エンゲルス、レーニンに帰される唯物論も含まれている。彼らの唯物論は、合理主義の伝統に属するすべての唯物論と同じように、必然性と目的論の唯物論であり、したがって、観念論の一変態、偽装したあるかたちなのである」(*ibid.*, p. 554. 五〇〇頁)。

マルクス主義的唯物論を「観念論の一変態」とみなす思想家を、ひとはもうマルクス主義者とは呼ばないだろう。アルチュセールがマルクス主義的唯物論を最終的に拒絶したのは、それが結局は「必然性と目的論の唯物論」にすぎなかったからである。しかし、彼は、エンゲルスやレーニンと一緒にマルクスをも丸ごと投げ捨ててしまったわけではない。そもそも「出会いの唯物論」そのものが、アルチュセールにとっては、「非発生的突然変異の弁証法」というマルクスの思考の別名にほかならなかった。だからアルチュセールは、マルクス主義的唯物論を批判しながらも、続けてこう述べるのである。

「マルクスは無数の箇所で、気紛れにではなく、こう説いている。資本主義的生産様式は「金貨をもった人間」と、自分の労働力よりほかになにももたないプロレタリアートの「出会い」から生まれた。……この考え方において重要な点は、補足すなわち本質の抽出であるよりは、出会いの「固まり」の不確定な性格であり、法則を云々しうる成し遂げられた事実を作り出すのはこの出会いなのである」(*ibid.*, pp. 584-585. 五三一頁)。

歴史における「不確定性＝偶然性」を徹底的に思考しようとすること。「重層的決定」にはじまり「出会いの唯物論」に終わるアルチュセールの思想を貫いているのは、まさにそれであった。しかし、彼の思考にはまだ曖昧さが残っている。「出会い」という言葉で彼が考え抜こうとした対象は、ロシア革命の勝利のような「例外的状況の例外性」と、生産様式という「構造」の歴史の両方を含んでいるからである。

事件や出来事は、それ自体「偶然性」の結果であると同時に次の「偶然的」結果の先行状態の一つだと言うことができる。構造もまたさまざまな要素の偶然的「出会い」によって形成されるのは確かだし、「非発生的突然変異」を生産様式の変遷に応用するのは魅力的なアイデアだと言ってもいい（それを展開したのがサミール・アミンの「周辺革命」説だと見ることもできよう。Amin［1973］）。しかし、その結果として発現する構造が定義上「無―時間的、非―時間的、通時的」に再生産されるものであるのだとすれば、「再生産」と「不確定性＝偶然性」とはどのような関係にあるのか。そもそも「構造」と「事件」との関係こそは、歴史認識と歴史叙述を志す者にとっての永遠の問題ではなかったか。

　さらに言えば、出来事の「不確定性＝偶然性」について、「記述的なもの」を超える「哲学」を構築することには、どのような行為遂行的意味があるのだろうか。ユルゲン・ハーバーマスは、アルチュセールを念頭に置いているわけではないが、一九七六年の『史的唯物論の再構成』でこう述べている。

> 「いまだ人間の手に負えない出来事のもつ不確定性 *Kontingenzen* に思い悩むことは、その出来事に理性的に介入しうる能力をわれわれが持っていると信じうる度合いに応じて、新たな質を獲得してくる。その場合、この思い悩みは、新たな欲求のネガティヴな側面を意味している。……外的自然の不確定性を前にして自覚された無力さの経験は、神話や呪術による解釈によって取り除かれねばならない」（Habermas［1976］S. 181. 二一二―二一三頁）。

アルチュセールにとって、「必然性と目的論の唯物論」としてのマルクス主義は、このような意味での人間の「無力さ」を取り除くための「神話」にすぎなかった。しかし「出会いの唯物論」は、それとはまた別の一つの「神話や呪術」ではないのだろうか。彼がのぞき込んでいる「地下水脈」とは、「世界の超越論的偶然性」へと回帰するハイデガー的な「es gibt［存る］の哲学」（Althusser［1994］p. 557. 五〇三頁）なのだ。

五　アルチュセールの孤独

もう一度、アルチュセールの孤独に話を戻そう。彼は「マキャヴェリの孤独」について最後にこう述べている。「彼の最終的な孤独が、おそらくこれである。自分の思考がいくばくか歴史をつくることに荷担したとしても、そのとき自分はもうこの世にいないことを彼は知っていたのである」（Althusser［1998］p. 323. 四二二頁）。「アルチュセールの最終的な孤独が、おそらくこれである」（Elliott［1993］p. 34）とエリオットが言葉を重ねたように、これはマキャヴェリに仮託したアルチュセール自身の感慨でもあったろう。しかし、アルチュセールは続けてこうも述べていた。「拒絶と立場とにおいて彼［マキャヴェリ］に近しいもう一つの別の思考、マルクスの思考だけが、彼をその孤独から救うことができた」（Althusser［1998］p. 323. 四二二頁）。

そのマルクス自身も、アルチュセールによれば、フロイトの意味で孤独だったのだが、しかし孤立無援ではない。自分たちがマルクスを孤独から救うからだ。そして、そのことによって自分たちもまた孤独から救われる。アルチュセールは『資本論を読む』の中で、おそらくは自らをマルクスと重ね合わせながら、そう書いている。

「既存の理論構成法の客観的限界と手を切り、彼の科学的発見が哲学に提起する問いを考える手掛かりを鍛え上げるためにマルクスが幾度も繰り返した努力や彼の挫折は、そして彼の後戻りすら、彼がわれわれよりずっと以前に絶対的孤独のなかで体験した理論的ドラマの一部をなしている。……われわれのほうはと言えば、われわれが孤独でないのはマルクスのおかげなのである」(Althusser［1968］p. 71. 中・二六五頁)。

では、アルチュセールの絶対的孤独はどうなるのだろう。誰が彼をその孤独から救うのだろうか。エリオットは、その論文を次のように結んでいる。

「最終審級においては、拒絶と立場とにおいてアルチュセールにどれほど近しくても、どんな思想体系も彼をその孤独から救うことはできないだろう。――そうできるのは、彼が支援しようと全力を尽くした解放的実践だけである。われわれはと言えば、マルクス主義の危機に直面しながらもわれわれが孤独ではないのは、他の誰よりもルイ・アルチュセールのおかげなのである」(Elliott［1993］p. 34)。

たしかに、「不確定性＝偶然性」を考え抜こうとしたかぎりで言えば、「どんな思想体系も彼をその孤独から救うことはできないだろう」。しかし、私たち自身はと言えば、エリオットとは違う意味においてではあるが、私たちもけっして孤独ではない。私の考えでは、私たちがアルチュセールに学ぶことができる最後の機会は、アルチュセールがマルクスから距離を取り、マルクス主義から離れるその瞬間にある。

すでに見たように、「重層的決定」という概念を放棄すると同時に、「進化論の目的論的弁証法」への批判に問題意識を集中していく時期のアルチュセールにとって、マルクスにも残る「歴史哲学」的残滓はもはや批判の対象でしかなかった。だから、マルクスの思想は慎重に腑分けされ、その「有効性」は限定されなければならない。そのような批判と限定を、アルチュセールは一九七八年に集中的に行っている。

二月に書かれた「今日のマルクス主義」では、アルチュセールは次のように、マルクスにおける「歴史の方向」という「歴史哲学的観念」を厳しく拒絶する。

「いよいよ批判されていくとはいえ、彼のもとには、つねに透かしのごとく歴史哲学的な観念、歴史の《方向》という観念が現前する。この《方向》は、特定の生産様式の後に特定の生産様式がくる「漸進的時期」の継起として具体的に示され（『経済学批判』の「序言」、一八五九年）、共産主義の透明性にむかっていく。「必然性の王国」の後に来る「自由の王国」なる観念的表象が、マルクスのもとには見られるのである。その共同体では、国家と商品関係と同様、余分となった社会関係に、諸個人の自由な発展が取って代わるとの神話が」（Althusser［1998］pp. 300–301. 三九〇頁）。

そして、続く三月の「「有限」な理論としてのマルクス主義」では、アルチュセールは次のように、マルクスの「共産主義のイメージ」そのものの批判を試みている。

「あのイメージは、マルクスが、宗教のいかなる理論ももたずして、宗教を直接のモデルとしつつフェティシズムと疎外を考えたときの、怪しげな諸概念に、存命力（または延命力）を供給しつづける――『一八四四年草稿』の全空間を占領してのち、大挙して『経済学批判要綱』にも再帰し、しかもなお『資本論』の中にその痕跡を残す諸概念。これらの概念の謎を打ち破るには、自らつくろうとしていたマルクスの共産主義像へ立ち返らなくてはならない。この問題多き像を唯物論的批判にかけるとき、あれらの概念の解読が開始されうるのだ。そしてこの批判をとおして、マルクスの何がいまだ歴史の《方向》といった観念論的インスピレーションから抜け切れていないのかの目安を付ける作業が緒に就く。理論的にも政治的にもやってみるだけの価値ある、これは賭である」（*ibid.*, p. 292. 三八二頁）。

この「賭」は、つまり共産主義という「壮大な物語」への批判は、同時に、マルクスの理論を資本主義的生産様式の批判的分析へと限定することによって「救い出す」試みでもあった。それが、マルクス主義を「有限な」理論だと規定することの意味である。

「ぼくの考えでは、マルクス主義理論は「有限」で、限定されている。資本主義的生産様式の分析、資本主義の矛盾した傾向――資本主義を廃止してそれを「別のもの」、空洞としてすでに資本主義社会の内部に描き出されている「別のもの」で置き換えることへと移行の可能性を開く傾向――の分析に、それは限定されている。マルクス主義理論は「有限」であると述べることは、マルクス主義理論は歴史哲学とは正反対のものである、との本質的観念を主張することだ。……マルクス主義理論は、現在進行中の局面、資本主義的搾取の局面に、登録・限定されている。将来についてこの理論の言いうることは、現在進行中の傾向がもつ複数の可能性の、点線で引かれる消極的延長線以上のものではない。……移行についてなにを言っても、そこで問題になりうるのは、現在進行中の傾向から導き出される指針でしかありえない。マルクスの言うどの傾向とも同じく、現在進行中の傾向も「阻止」されていて、政治的階級闘争がそれに現実性を与えないなら、完結しないこともありうる。この現実性の決定された積極的なかたちを、現時点で予見することはできない」(*ibid.*, pp. 285-286. 三七三頁)。

マルクスの理論の有効性は「資本主義的生産様式の分析、資本主義の矛盾した傾向の分析に限定されている」。私なりの言い方をすれば、マルクスそのひとの思考から今なお学ぶべきものを批判的に「救い出す」とすれば、それは発展段階論でも歴史的必然性の論理でもなく、さまざまな生産様式が資本によって接合され再編成される複合的過程を対象とした「構造としての世界史」だということである(植村 [2001] 第二章を参照されたい)。目的論的必然性を峻拒し、共産主義的終末論を放棄し、しかし、資本主義世界システムの批判的解剖学者であり続け、新たな「出会い」に賭けること。それがアルチュセールの遺言だったと私は考えている。たしかに、誰もうアルチュセールをその孤独から救うことはできないだろう。しかし、私たちが孤独でないのは、少なくとも部分的には、やはりアルチュセールのおかげなのである。

第六章　新しい「帝国」概念の有効性——ハートとネグリの『帝国』をめぐって

はじめに

一つの妖怪が世界をうろついている。「帝国」という妖怪が——。すでに一九九七年には、極東の片隅でもこう言われていた。「帝国の到来をめぐる予言が今日ほどさかんだったことはない。しかもそれは、一地域における帝国の誕生ではなく、世界帝国とも言うべきものの出現である」（増田［1997］二頁）。

この「世界帝国」の表象について、『帝国とは何か』の編者の一人である増田一夫は、次のように説明している。

「われわれの目前で成立しつつあるかもしれないとされる帝国は、武力制覇によって成立するのでもなく、中心的な核もなく、あくまで匿名であり続けると言われている。このイメージは政治よりも経済、経済よりもコミュニケーションの分野で実際に起こっている事態を想起させる。ピラミッドや樹［ツリー］状の組織ではなく、無限に接続し合い絡み合うウェブもしくはネットワーク。あらゆる地点からのランダム・アクセスの可能性を備えた開かれたシステム。根茎［リゾーム］状の組織。これはドゥルーズとガタリの著作『資本主義と分裂症』において提示されたイメージにほかならない」（同、三頁）。

そのように述べたうえで、増田は次のように結論を保留している。

「そして「帝国」。その到来の予感は、一部の人々の期待を代弁しているにすぎないのかもしれない。……しかし「帝国」は、たんに、国民国家が弱体化してゆくなか、その崩壊の後に来る事態を「混沌」と呼ぶのを忌避して用いられる名にすぎないのかもしれない」（同、六頁）。

このような叙述からわかるように、最近現れた「帝国」という言説は、イマニュエル・ウォーラーステインによって提起された資本主義「世界システム」論やその上部構造としての「インターステイト・システム」論に取って代わる、新しい世界認識の概念として論じられているのであって、従来の「帝国主義」論や「帝国主義の問題を「意識」に即して見ること」（平田［1999］一四頁）をテーマとする「帝国意識」論とは問題関心が基本的に異なると考えるべきであろう。

本章は、このような意味での「帝国」論の成果として、二〇〇〇年にアメリカで出版されるとすぐに大きな話題を呼んだマイケル・ハートとアントニオ・ネグリの共著『帝国』を取り上げ、その内容を紹介したうえで、その理論的な有効性について考えようとするものである。

＊　この章の初出稿を書いた時点では、水嶋一憲他訳『〈帝国〉』（以文社、二〇〇三年）がまだ出版されていなかったため、『帝国』からの引用はすべて私自身による試訳である。本書でもこの試訳を水嶋他の訳文に置き換えることはしなかった。できれば比較しながら読んでみてほしい。なお、本章において Hardt and Negri [2000] からの引用の出典表記については、反復を避けるため、頁番号のみを記した。

一　『帝国』の問題設定と編別構成

『帝国』は五〇〇頁近い大著であるが、ハートとネグリはその「序文」で、一九九〇年代以降、とりわけソ連の崩壊以後のグローバリゼーションの展開とかかわらせて、次のような世界認識を示している。

「グローバルな市場とグローバルな生産循環に伴って、グローバルな秩序、支配の新しい論理と構造――要するに主権の新しい形態が出現した。帝国とは、これらのグローバルな交換を効果的に規制する政治的主体であり、世界を統治する主権である。……われわれの基本的仮説は、主権は、単一の支配の論理の下に統合された一連の国民的および超国民的 *supranational* 諸組織体から構成される、新しい形態をまとった、ということである。主権のこの新しいグローバルな形態

> が、われわれの言う帝国である」(Hardt and Negri [2000] pp. xi-xii)。

ハートとネグリが「帝国」という言葉で表現しようとするものは、したがって第一に、一九世紀以来の「帝国主義」とは異なる新しい現象であり、二〇世紀末以降のグローバリゼーションと呼ばれる状況に対応して出現しつつある「政治的主体=主権」なのである。

> 「国民国家の主権が衰退しつつあること、国民国家が経済的・文化的交換を調整する能力をなくしていることが、実際、帝国成立の主な徴候の一つである。国民国家の主権は、近代を通してヨーロッパ諸列強が構築した帝国主義の礎石であった。しかし、「帝国」というのは「帝国主義」とはまったく別のものである。……帝国主義とは実際に自らの境界線を越えるヨーロッパの国民国家の主権の拡大であった。……帝国主義とは対照的に、帝国は権力の領土的な中心を確立しないし、固定した境界線や障壁に依拠しない。開かれた拡大しつつあるフロンティアの内部でグローバルな領域全体をしだいに併合するのは、脱中心化され脱領土化しつつある支配装置である。帝国は、指令の変調的ネットワークを通して、ハイブリッドなアイデンティティ、柔軟なヒエラルキー、多元的な交換をマネージする。帝国主義的な世界地図の明確な国民的色分けは、帝国のグローバルな虹へと溶け込み混ざり合っている」(pp. xii-xiii)。

しかしながら、ハートとネグリが言う「帝国」は、たんなる政治的概念ではない。それは、人間の社会生活全体を支配し規制するものという意味で、フーコーの言う「生−権力 *bio-pouvoir*」(Foucault [1976] p. 184. 一七七頁)、つまり「揺りかごから墓場まで」の人間の「生活=生命」全体に対して行使される権力の一形態でもある。言い換えれば、「帝国」はグローバルな「福祉国家=管理社会」でもあるのだ。

「帝国の概念は基本的に境界線の欠如によって特徴づけられる。帝国の支配には限界がない。第一に何よりも、帝国の概念は、空間的全体性を効果的に包括する、すなわち現実に「文明」世界全体を支配する体制 *regime* を想定している。……第二に、帝国の概念は、征服に由来する歴史的体制としてではなく、むしろ歴史を効果的に一時停止にし、そのことによって現状を永遠に固定する一つの秩序として示される。……第三に、帝国の支配は、社会的世界の深奥にまで達する社会秩序のあらゆる音域を操作する。帝国は領土と人口を管理するだけでなく、まさに自分が住む世界そのものを創造する。人間の相互行為を規制するだけでなく、じかに人間本性を支配しようとする。帝国の支配対象は社会生活全体であり、こうして帝国は生―権力 *biopower* のパラダイム的形態をなす。最後に［第四に］、帝国の実践はいつも血にまみれているけれども、帝国の概念はつねに平和に捧げられている――歴史の外部での永遠なる普遍的な平和に」(pp. xiv-xv)。

このように、新しいグローバルな「主権の形態」であると同時に「福祉=管理体制」でもある「帝国」を問題にする際のハートとネグリの基本的視点は、あくまでもそれを歴史的存在としてとらえるということにある。つまり、一定の条件の中で歴史的に成立し、また歴史的に終焉を迎えるものとしてとらえるということである。

「われわれの政治的課題は、たんにこれらの［帝国成立］過程に抵抗することではなく、それらを認識し、それらを新しい目的＝終末 *ends* に転送することである。帝国を維持する群衆 *multitude* の創造的力は、対抗帝国 *counter-Empire* つまりグローバルなフローと交換のオルタナティヴな政治的組織を自律的に構築することもできる。帝国と争って打倒する闘争も、真のオルタナティヴを構築する闘争も、こうして帝国領域自体の上で生じるだろう——実際そのような新しい闘争はすでに出現し始めている。これらの闘争やもっと多くの同様な闘争を通して、群衆は新しい民主主義の諸形態と新しい構成的権力を発明しなければならないだろう。それがいつか帝国を通って帝国を超えたところにわれわれを導くだろう」(p. xv)。

このような問題意識に基づく『帝国』は、全四部の編別構成をもつ。第一部「現在の政治的構成」、第二部「主権の変遷」、第三部「生産の変遷」、第四部「帝国の衰退と没落」。なお第二部と第三部の間には、第四部を先取りする形で「間奏曲　対抗帝国」が挟み込まれている。

第一部では、「序文」で示唆された本書全体の枠組みが改めて詳しく提示される。

第一章「世界秩序」では、第二次世界大戦後の「法律的形成体としての世界秩序」である「国際連合」が、「諸条約によって規定された国際的権利の枠組み」という現実的基盤と「真の超国民的中心」という理念との間のアポリアを孕みながら、その「二義的な諸経験のなかで、帝国の法律的概念が形を取り始めた」(p. 6) という認識が示され、「例外状況を支配する法律的権力と警察力を配置する能力が、権威の帝国的モデルを規定する二大座標である」(p. 17) ことが論じられる。ここで著者たちが想定しているのは、言うまでもなく湾岸戦争以後の政治的・軍事的状況である。ハートとネグリは、

「警察権は普遍的諸価値［＝正義］によって正当化される」（p. 18）のであり、「一つのグローバルな秩序、一つの正義、一つの権利が、依然としてヴァーチャルであるにもかかわらず実際にわれわれに適用される」（p. 19）と述べているが、重要なのは「ヴァーチャル」なものの実在性という認識であろう。たとえば、「帝国は今日、生産的ネットワークのグローバリゼーションを支え、すべての権力諸関係をその世界秩序の内部に囲い込もうとして、その広範な網を投じる中心として出現しつつあるが、――しかし同時に、その秩序を脅かす新しい野蛮人と新しい反乱奴隷に対して、強力な警察機能を配置している」（p. 20）という文章は、二〇〇一年のアフガニスタンや二〇〇二年のイラクに対する「正義」の名の下でのアメリカの対応を思い浮かべれば、きわめてアクチュアリティのあるものとして理解できるはずである。

第二章「生―政治的 *biopolitical* 生産」は、「管理社会における生―権力 *biopower*」のあり方を素描するものだが、「この権力の最高の機能は、生を幾重にも備給することであり、その主要課題は、生を管理することである。生―権力とは、権力に直接かかっているのが生それ自体の生産と再生産であるような状況を示すものである」（p. 24）。ここでは同時に、「剰余価値の生産において以前には集団的工場労働者の労働力が占めていた中心的役割を、今日ではますます知的・非物質的・コミュニケーション的労働力が満たしている」（p. 29）ことが強調される。したがって、「帝国はまさにハイテク機械の形態で現れる。それはヴァーチャルであり、周辺的出来事を統制するために建造され、システムを支配し、（もっとも進んだロボット生産技術と一致して）必要なときにはシステムの故障に介入するように組織されている」(p. 39)。

第三章「帝国内部のオルタナティヴ」で強調されるのは、反グローバリゼーションの地域主義や左翼ナショナリズムは「グローバリゼーション」に対するオルタナティヴたりえない、ということである。問題なのはグローバリゼーションそれ自体ではなく、その特定の形態なのだ。「敵は、われわれが帝国と呼ぶグローバルな諸関係の特定の体制 *regime* である。……真のオルタナティヴと解放のための潜在力は、帝国の内部に存在する」(pp. 45-46)。ハートとネグリがこのような意味での「真のオルタナティヴ」とみなすのは、「グローバリゼーションの生産的・創造的主体性という多元的群衆」(p. 60) であり、著者たちは、この「闘争の新しい姿と新しい主体性が、出来事のさまざまな重大局面、普遍的ノマディズム、諸個人と諸人民の一般的な混合と混淆、帝国の生―政治的機械の技術的変態の中で生み出されている。……群衆の脱領土化する権力は、帝国を維持する生産力であると同時に、帝国の破壊を呼び込み必然化する力である」(p. 61) と見ている。だから、「今日では宣言、つまり政治的言説は、スピノザが予言した機能、群衆を組織する潜在的願望の機能を果たそうとすべきである」(p. 66) ということになる。

第二部以下では、第一部で輪郭を描かれた諸問題が、その成立過程にまで遡って歴史的に位置づけられ、さらに深く掘り下げられている。すなわち、第二部「主権の変遷」は、第一部第一章で素描された「世界秩序」が、一七世紀以降の近代史においてどのようにして成立してきたかを論じるものであり、第三部「生産の変遷」では、第一部第二章で示された「生―政治的生産」の成立過程が、「世界市場の完全実現に伴うグローバルな管理社会の確立」の歴史として論じられる。最後に、第四部「帝国の衰退と没落」では、第一部第三章で示唆された「帝国内部のオルタナティヴ」が、成立しつつある「世界空間のヴァーチャリティ」の二義性に即して論じられることになる。

本書はこのように、波紋が同心円的に広がっていくような、独特な展開の構造をもっていることがわかる。以下では、ほぼこの展開に即しながらも、ハートとネグリの主張の問題点に焦点を当てる形で、本書の意義を考えていくことにしたい。

二 「帝国」とアメリカの両義性

前節で見たように、超国民的な単一の世界秩序としての「帝国」がすでに出現している、というのが『帝国』の世界認識であった。しかし、一読してすぐに気づくのは、その「帝国」におけるアメリカ合衆国の位置づけが両義的だということである。「帝国には中心はない」という主張が繰り返される一方で、アメリカが「帝国」そのものであるかのような叙述も繰り返し現れるからである。

アメリカ合衆国の位置について、ハートとネグリは最初にこう断っている。

「合衆国は帝国主義的プロジェクトの中心を形成していないし、今日では実際どの国民国家もそうなりえない。帝国主義は終わった。どの国民も、近代ヨーロッパ諸国民がそうだったような仕方で世界のリーダーにはならない。／合衆国はたしかに帝国における特権的立場を占めているが、この特権はかつてのヨーロッパ帝国主義列強との類似性にではなく、違いに由来する。……権力がネットワーク状に効果的に分配された、フロンティアを拡大しつつある、開かれた新しい帝国。……この帝国の理念が合衆国の憲法 *constitution* の歴史を通して生き残り成熟し、いまや完成形態でグローバルな規模において出現したのである」(pp. xiii-xiv)。

この引用の後半部分からわかるように、現に存在する「帝国」の成立は、明示的にアメリカ合衆国の「憲法＝政治体制 *constitution* 史」の中に位置づけられている。その意味では、「帝国」は明らかに「アメリカ帝国」の発展形態だとされているのである。

「ネットワーク状に拡張する権力としての主権の観念は、［アメリカ合衆国の］民主的共和国の原理を帝国の観念にリンクさせるちょうつがいの上でバランスを取っている。帝国は、普遍的な共和国、つまり境界のない包括的な構築物として構造化された諸権力と対抗諸権力のネットワーク、としてのみ想定することができる。この帝国の拡張は、帝国主義とも、征服・略奪・ジェノサイド・植民地化・奴隷制のためにデザインされた国家組織体とも何の関係もない。そのような帝国主義に対抗して、帝国はネットワーク権力のモデルを拡大し強化する」(pp. 166-167)。

ここでハートとネグリが「ネットワーク権力のモデル」と呼んでいるものこそ、「アメリカ的自由」にほかならない。彼らによれば、「開かれたフロンティア」が合衆国政治体制史の第一段階をなし、モンロー・ドクトリンの時代の「帝国的空間の閉鎖」がその第二段階をなす。ただし、アメリカ合衆国の参加なしに成立した国際連盟は、それ自体が「ネットワーク権力の国際的拡張計画」だとみなされている。さらに、「冷戦下での帝国主義的軍事介入」としての「アメリカ帝国主義」がその第三段階をなし、そして最後に、「冷戦後の新しい型のヘゲモニー的イニシアティヴ」が、その第四段階＝現段階なのである。つまり、「帝国のプロジェクト、ネットワーク権力のグローバルなプロジェクトが、合衆国憲法＝政治体制史の第四段階あるいは第四体制を画する。……合衆国が初めてこの権力を完全形態で行使したのが湾岸戦争だった。……湾岸戦争は実際に新しい世界秩序の誕生を告げるものだった」(p. 180)。要するに、「帝国の現代的観念は合衆国内部の構成プロジェクトの拡張を通して生まれた」(p. 182) ものにほかならないのである。

しかしながら、ハートとネグリは、アントニオ・グラムシやハナ・アーレントなどのヨーロッパ人によるアメリカ論に言及しながら、「アメリカ帝国」という表象をきっぱりと否定する。

「アメリカ帝国をユートピアの埋め合わせと考えるのは、完全に幻想である。何よりまず、出現しつつある帝国はアメリカ的ではないし、合衆国は帝国の中心ではない。……これは、合衆国政府と合衆国の領土が他の国と何も違わないということではない。合衆国はたしかに帝国のグローバルな分割とヒエラルキーの中で特権的地位を占めている。しかし、国民国家の権力と境界線が衰退するにつれて、国民的領土間のさまざまな差異はますます相対的なものになる。それらは今では性質の違い（たとえば宗主国領土と植民地領土の違いのような）ではなく、程度の違いである」(p. 384)。

同様に、「帝国」という表象が「ヨーロッパ中心主義」的であるという批判も、あらかじめ封じられてしまう。「帝国の系譜学は、この［資本主義的生産様式の発展に伴うという］意味ではヨーロッパ中心主義的だが、しかし現在の帝国の権力はどの地域にも限定されない。ある意味でヨーロッパと合衆国に由来する支配の論理は、いまや全地球で支配の実践を備給している」(p. xvi)。

それでは、「中心がない帝国」におけるアメリカの地位は、どういうものなのだろうか。中心ではないが「特権的」だというのは、どういう事態を意味しているのだろうか。それは、アメリカが、「グローバルな憲法＝政治体制のピラミッド」の頂上に位置して「軍事的ヘゲモニー」を行使することのできる「唯一の超権力」(p. 309) だということである。

ハートとネグリは、この「グローバルな政治体制のピラミッド」を、次のように三つの階層からなるものと考えている。上から見ていくことになるが、第一階層はさらに三つの水準に区分される。第一階層第一水準に位置するのが、「軍事的ヘゲモニーを有する唯一の超権力としての合衆国」である。第二水準には、G7のような「グローバルな金融制度を管理する国民国家群」が来る。第三水準に位置するのは、「文化的・生―政治的権力を配備する諸団体」である。IMFやWTOなどを考えればいいであろう。第二階層は二つの水準に分かれるが、第一水準に位置するのが「多国籍企業のネットワーク」であり、第二水準には、「ヘゲモニー権力との仲介機能を果たす一般の国民国家群」が位置する。そして最後に、第三階層には、「民衆の利益を代表する諸集団」、つまり、国連総会や各種のNGOが入ることになる (pp. 309–311)。

ここで注意しておかなければならないのは、ハートとネグリが、アムネスティ・インターナショナルや「国境なき医師団」のような人道的NGOをも含めて、NGOを「帝国」の「道徳的介入」の担い手だと見ていることである。著者たちは次のように言う。「このような人道的NGOは（参加者の意図には反しているかもしれないが）実際に新しい世界秩序のもっとも強力な平和的武器の一つである。……これらのNGOは、帝国の構成という生―政治的文脈に完全に没頭している」(p. 36)。

このように「帝国」は、「ネットワーク権力」であると同時に「ピラミッド」的構成をもつのだが、ハートとネグリは、その権力行使の手段を次のように説明している。

「帝国の管理は三つのグローバルで絶対的な手段を通して行われる。爆弾、貨幣、エーテル〔コミュニケーション媒体〕である。……爆弾は王制的、貨幣は貴族制的、エーテルは民主制的権力である。……合衆国が新ローマあるいは一群の新諸ローマだと見えるかもしれない。ワシントン（爆弾）、ニューヨーク（貨幣）、ロサンゼルス（エーテル）。しかし、そのような帝国空間の領域的概念は、帝国装置の中核の根本的柔軟性・移動性・脱領土化によって持続的に不安定になっている。軍事力の独占と貨幣調整は部分的に領域的に決定されるかもしれないが、コミュニケーションはそうされえない」(pp. 345-346)。

ここで誰もが二〇〇一年九月一一日を想起してしまうだろう。ハートとネグリは「帝国に中心はない」と言うのだが、そしてたしかに単一の中心はないのかもしれないが、「帝国」に「ワシントン（爆弾）、ニューヨーク（貨幣）、ロサンゼルス（エーテル）」という複数の中心があることは、著者たちも認めざるをえないのである。つまり「合衆国が新ローマあるいは一群の新諸ローマだと見えるかもしれない」ことは、否定しようがないのだ。

したがって、問題はこういうことになる。二〇世紀の世界戦争が、一度目はオスマン、オーストリア、ロシアという解体に瀕した諸帝国の内紛として、そして二度目はそれらの帝国解体後の新秩序形成をめぐる争いとして戦われたのに対して、二〇世紀末のグローバリゼーションは、実際には最後の旧型帝国にすぎなかった「ソヴィエト連邦」の解体の徴候とともに始まった。一九八九年の「東欧革命」とペレストロイカの進展による冷戦構造の消滅が、ハートとネグリの言い方に従えば「帝国」による初めての警察権行使である湾岸戦争を可能にしたのである（一九九〇年八月二日にイラク軍がクウェートに侵攻した翌日、アメリカのベーカー国務長官とソ連のシュワルナゼ外相が共同声明を行い、イラクへの対抗を表明した）。「ソヴィエト連邦」が消滅するのはその翌年であるが、このようにして成立した「帝国」とは、敵対する他の帝国が消滅することによって完成した「アメリカ帝国」の単一へゲモニー体制にほかならないのではないか、ということである。

一九九〇年以後の状況を「アメリカ帝国」の拡大と見る視点は、根強く存在している。たとえば古矢旬は、ハートとネグリと同様に「合衆国はその共和国としての出発時点においてすでにいちじるしく「帝国」的であった」（古矢［2002］ⅰ頁）ととらえたうえで、ハートとネグリが現代の「帝国」の特質とみなす「海外植民地にたいする主権的支配に立脚するものではない」覇権システムの構造を、まさに「大英帝国」とは異なる「アメリカ帝国」の特徴だとしている（同、三一七頁）。言い換えれば、ハートとネグリが「帝国主義」と「帝国」の概念的差異とみなしたものを、古矢は「大英帝国」と

「アメリカ帝国」の覇権システム構造の歴史的差異だとしているのである。そして古矢は、二〇世紀は、「移民国家／理念国家」としての「アメリカの世界化」を前提とした、軍事的支配・経済的援助・文化的浸透を三位一体として進展する「世界のアメリカ化」（同、三〇七頁）の過程であったと総括するのだが、そのようにつねに「世界」に対する「主体」として意識し行為してきたアメリカに、自らもまた世界の一部であることを暴力的に意識させたのが「二〇〇一年九月一一日」であったと理解している（同、二七六頁）。

藤原帰一も、「帝国が戦争を戦い、戦いこそが帝国の正義を支えるという、軍事大国としてのアメリカが持つ古典的な特徴に焦点を当てるため」に、「アメリカへの権力集中を捉える言葉として「帝国（empire）」概念を用いる」（藤原［2002］三頁）と説明している。現在の世界は「アメリカが帝国となった世界」（同、二〇一頁）なのである。彼は、まさにアメリカが権力の中心であることを示すために「帝国」という言葉を使っているのだから、この言葉に持たせている意味は、ハートとネグリとは正反対になる。

しかしながら、他方には、このような「アメリカ帝国」論とはかなり異なるアメリカ認識も存在する。たとえば、ウォーラーステインは、一九九五年の『アフター・リベラリズム』で、アメリカが「世界システムの覇権強国」である時代は「一九四五年に始まり一九九〇年に終わった」（Wallerstein［1995］p. 176. 二六五頁）と述べている。一九九〇年の湾岸戦争における「アメリカの軍事力の誇示は、アメリカが経済的に弱体であることを明確にした」（*ibid.*, p. 192. 二八八頁）からである。この戦争は日本をはじめとする他国に戦費を依存することで初めて可能となったのであり、しかもアメリカ自らがそのことを明らかにした、ということである。一九九九年の『われわれが知っているような世界の終わり』においても、彼は、近代世界システムを構成する諸国家が「強さを失い」、しかも「人々がこれまで諸国家に認めてきた正統性が低下している」ことによって、「システムは分岐点に達した」（Wallerstein［1999］pp. 74-75. 一四四頁）と主張している。

したがって、一九九〇年を世界のあり方の大きな転換点と見る点では共通しているのだが、ウォーラーステインから見れば、ハートとネグリの言う「帝国」とは、むしろ五〇〇年にわたって存続した「近代世界システム」が解体し始めたという過渡期の状態を表現するものにすぎない、ということになる。その意味では、「帝国」とはまさに「カオス」の別名なのである。

三　支配の全体性

ハートとネグリの『帝国』を一読して気づく第二の問題点は、その「生―権力的」な支配の全体性に関する議論である。この全体性論は、グローバルな管理社会論と多国籍企業論の二本立てなのだが、両者の関連づけがかなりあいまいだということである。

著者たちが第一に強調するのは、グローバリゼーションによって支配的な生産過程のあり方そのものが大きく変化したということである。「その結果、工業的工場労働の役割は減少し、コミュニケーション的・協同的・情動的な労働 *communicative, cooperative, and affective labor* に優先権が与えられる。グローバル経済のポストモダン化のなかで、富の創造は、われわれが生―政治的 *biopolitical* 生産と呼ぼうと思うものに、つまり社会的生活それ自体の生産に向かっている。そこでは、経済的なもの、政治的なもの、文化的なものがますます重なり合い、相互に包み合っている」(p. xiii)。

このようにハートとネグリは「工業的工場労働」から「コミュニケーション的・協同的・情動的労働」へと基幹的な労働力の移動が生じていると言うのだが、これは、別の言い方をすれば、産業の重心が工業部門からさまざまなサービス部門へと変遷しているということである。たとえば、「ヘルスケア・教育・金融から輸送・娯楽・広告まで。……それらの特徴は一般に、知識・情報・情動・コミュニケーションが中心的役割を果たすことである」(p. 285)。したがって、彼らが主張しているのは「脱工業化」論の一変種だと言っていい。

著者たちは、現在進行している「労働の質と本性の変化」を「労働の非物質化」と名付け、それを次の三つの側面において特徴づけている。第一は「生産過程の情報化」であるが、主として考えられているのは「フィードバックと制御」であり、例として挙げられるのは、「フォーディズム・モデルからトヨティズム・モデルへの工場労働の変化」(p. 289) なのである。第二は「コンピュータによる知的生産」なのだが、これも、サービス・文化・知識・コミュニケーションの生産がコンピュータによって行われている、ということにすぎない。第三は「人間的接触と相互行為の情動的労働」であり、具体的には、ケア産業や娯楽産業が重要性を増してきているということである。

生産過程の内部における変化をまずこのように把握したうえで、ハートとネグリが次に強調するのは、このような「コミュニケーション的・協同的・情動的な労働」がグローバルな規模で接合され、組織されているということである。この事態を彼らは「ネットワーク生産」という言葉で表現している。つまり、個々の生産現場がネットワーク状に接続されることによって、生産の「地理的な脱中心化」と「脱領土化」が進み、いわば「抽象的な協同」が成立しているのである。しかし、その対局においては、「生産管理と金融の中心化」が進行するのであり、そのような中心になるのは「(ニューヨーク、ロンドン、東京のような)少数のキー・シティ」だと想定されている。これは、サスキア・サッセンの言う「グローバル・シティ」(Sassen [1996] p. 297)にほぼ等しい。したがって、ハートとネグリは、一方で生産の「地理的な脱中心化」と「脱領土化」を強調しながらも、他方では「生産管理と金融の中心化」を指摘し、特定の都市をその中心として名指すかぎりで、「グローバル経済における領土性」(*ibid.*, p. 6. 五九頁)を強調するサッセンに事実上同意していると考えられる。

このような「労働の非物質化」と「ネットワーク生産」の成立によって出現するのが、「グローバルな管理社会」である。それを、ハートとネグリは次のように描いている。

「規律訓練社会 *disciplinary society* から管理社会 *the society of control* への社会形態の歴史的で画期的な変遷 *passage*。……そこでは指令のメカニズムはますます「民主的」になり、ますます社会的分野に内在的になり、市民の脳と肉体を通して分配されている。支配に固有の社会的統合と排除の行為は、ますます諸主体自身のうちに内部化される。権力は今では、生の意味や創造性の願望からの自律的疎外の状態に向けて、直接に脳（コミュニケーション・システム、情報ネットワークなどで）と肉体（福祉制度、活動の監視などで）を組織する諸機械を通して行使される」(pp. 22-23)。

そのような現実認識をふまえたうえで、ハートとネグリは次のように「グローバルな管理社会」の反転可能性を示唆するのだが、しかし、これはあまりにナイーヴではないだろうか。

「今日では生産性、富、社会的剰余の創造は、言語的・コミュニケーション的・情動的ネットワークを通した協同的相互行為の形態を取る。それ自身の創造的エネルギーの表現において、非物質的労働はこうして一種の自然発生的で初歩的な共産主義の可能性を提供しているように思われる」(p. 294)。

このような「グローバルな管理社会」の管理主体として、もっと具体的には、「ネットワーク生産」の組織者として、著者たちが想定しているのが、多国籍企業である。つまり、「グローバルな管理社会」とは、多国籍企業の管理ネットワークの別名なのである。

「巨大な多国籍企業が、一定の重要な点で生—政治的世界の基本的な結合組織を構築している。……多国籍企業は［従来の国民的な植民地主義的・帝国主義的システムに代わって］領土と人口を直接に構築し接合する。企業は国民国家を、自らが始動させた商品・貨幣・人口のフローを記録するたんなる道具にする傾向がある。多国籍企業は労働力をさまざまな市場に直接に分配し、資源を機能的に配置し、世界生産のさまざまな部門を階層的に組織する。投資を選択し金融操作を指示する複雑な装置が、世界市場の新しい地理を、あるいは実際に世界の新しい生─政治的構築を決定する」(pp. 31-32)。

ハートとネグリによれば、このように多国籍企業の管理ネットワークという姿を取るにいたった「世界市場」こそ、「帝国権力」の目に見える姿にほかならない。

「その理想的形態においては世界市場には外部は存在しない。全地球がその支配領域である。……フーコーがパノプティコンを近代権力の図解として認識したのとまさに同じように、おそらく世界市場が帝国権力の適切な図解として使えるだろう。……帝国のこの滑らかな空間には、権力の場所というものはない――それはどこにもあるしどこにもない。帝国はどこにもない場所 *ou-topia* あるいは実際に非場所 *non-place* である」(p. 190)。

パノプティコンとは、ジェレミー・ベンサムが構想して一七八七年に発表した集団施設の建築案であり、中央監視所を伴う円形建築のことである。ベンサムはこれを工場・貧民収容所・病院・学校にも応用可能であると考えていたが、本来的には刑務所のモデルであることは言うまでもないだろう(Bentham [1995] p. 29)。このパノプティコンを、ミシェル・フーコーは、身体の訓練と習慣によって自発的服従が生まれる近代的空間(=「規律訓練社会」)のモデルとして取り上げたのだが(Foucault [1975])、ハートとネグリは、多国籍企業の管理ネットワークとしての「世界市場」こそが「規律訓練社会」に取って代わる現代的「管理社会」のモデルだと言うのである。「権力の遍在」、あるいはむしろ、各自の脳と肉体が直接にネットワークに接続され、つねにモニターされている状態。それが著者たちの描くイメージである。

それでは、このような遍在する帝国権力の全体性に対して私たちはどう対抗したらいいのか。興味深いのは、ハートとネグリが、ポストモダン的「差異の政治学」は権力の戦略に出し抜かれたと断定していることである。彼らによれば、ジャン＝フランソワ・リオタールやジャン・ボードリヤール、ジャック・デリダなどの唱える「差異の政治学」は、近代的な「自己と他者、白と黒、内部と外部、支配する者と支配される者を定義する二項対立」(p. 139) への批判としては有効だが、それとは異なる帝国権力のあり方に対しては、有効な批判たりえないし、ホミ・バーバやエドワード・サイードなどが主張する「異種混交性 *Hybridity* の解放、あるいは植民的二進法の超克」(p. 143) も、グローバル権力の理論的把握のためには不十分だということになる。

「ポストモダニストとポストコロニアリストに身近な概念の多くは、現在の［多国籍］企業資本と世界市場のイデオロギーの中に完全な対応物を見いだす。……循環、移動性、多様性、混合はまさにその可能性の条件である。……差異（商品、人口、文化などの）は世界市場において無限に増加するように見える」(p. 150)。

「［多国籍］企業は差異をその支配領域内部に包含し、こうして創造性、自由な戯れ、多様性を企業の中で最大化しようとする。人種、性、性的志向が異なるすべての人々が潜在的には企業に包含されるべきなのである」(p. 153)。

要するに、ハートとネグリが事実上主張しているのは、「多国籍企業の管理ネットワーク」としての「帝国」は外部を喪失した資本主義だということであり、現代の諸理論はそのような「帝国」の現状把握に失敗している、ということである。著者たちは、このように多国籍企業がポストモダン的「差異の政治学」を出し抜いたと言うのだが、しかし、よく知られているように、すでに世界システム論は、資本が世界システム内部で労働力価値の「差異」を利用し再生産することで存続することを指摘している。多国籍企業が利用し最大化しようとしているのも、結局は、人種主義と性差別、「労働力のエスニック化」に立脚した垂直分業にほかならない（世界システム論における人種主義や「労働力のエスニック化」という論点については、植村［2001］第五章を参照されたい）。その意味で、「帝国」はけっしてハートとネグリが言うような「滑らかな世界」ではない。問題は、そもそも『帝国』には経済理論と経済分析も、資本主義と国家との関係付けの理論もない、ということである。しかし、この点については節を改めて検討することにしよう。

四　インターナショナリズムの終焉

『帝国』が伝統的な「帝国主義」論に対する論争の書であることはすでに述べた。それはまた「世界システム」論に対する批判の書でもある。しかし、その批判はいささか微妙である。ハートとネグリも、「資本はその発端から一つの世界権力たろうとする、あるいは真に唯一の世界権力たろうとする傾向がある」（p. 225）ことを認めているのであって、著者たちと「世界システム」論者との争点は、基本的には、資本主義世界システム内部における政治的権力のあり方をどう把握するかという一点にかかわるからである。ウォーラーステインの「世界システム」論に対する著者たちの批判は、次の文章に尽きている。

「資本主義的生産がはじめから普遍的あるいは普遍化する次元をもつことへの正当な注目が、現代の資本主義的生産と権力のグローバルな諸関係における断層あるいは変化に対してわれわれを盲目にしてはならない。……構成的 *constitutional* には、グローバリゼーションの過程はもはやたんなる事実ではなく、政治権力の単一の超国民的姿を考案する方向に進む法律的定義の源泉でもある」(pp. 8-9)。

従属理論の提唱者として「中心—周辺」という構造概念をはじめて提起したサミール・アミンに対するハートとネグリの批判も、ほぼ同じことに帰着する。

「現実的で重要な［帝国主義からの］連続線を過小評価するわけではないが、われわれの考えでは注意すべき重要なことは、これまでは帝国主義的列強間の紛争や競合とされてきたものが、それらすべてを重層決定し、統合的に構造化し、決定的にポストコロニアルでポスト帝国主義的な権利の共通見解に基づいて取り扱う単一の権力、という考えによって置き換えられてしまった、ということである」(p. 9)。

よく知られているように、ウォーラーステインによる資本主義「世界システム」の定義的説明は、「資本主義的な「世界経済」の顕著な特徴は、経済面での決定が第一義的に「世界経済」にむけられるのに対し、政治的決定は「世界経済」内のもっと小さな、法的まとまりをもつ組織、すなわち国家……にむけられたことにあった」(Wallerstein [1974] p. 67. 九九頁)ということであった。とすれば、「世界システム」論と「帝国」論の違いは、グローバルな「単一の政治権力」の成立を認めるかどうか、ということに尽きるはずである。

しかしながら、第三の問題として指摘しなければならないのは、ハートとネグリが従属理論や世界システム論の重要な問題提起であった「中心―周辺」という不均等で非対称的な重層的構造認識を否定し、資本主義的世界経済のあり方そのものをきわめて平板な均質的なものとみなしていることである。つまり、彼らによれば、「世界市場」の完全実現に伴って確立した「グローバルな管理社会」は、のっぺりとした「滑らかな世界」なのであって、「第三世界」や「中心―周辺」あるいは「南北」といった構造的概念は、もはや失効しているのである。

著者たちが強調するのは、「GATT、WTO、世界銀行、IMF……この超国民的な司法的足場に支えられて、生産と循環のグローバリゼーションは、国民的な司法的構造の有効性を廃棄した」(p. 336)ということなのだが、事実認識としては正当なこのような「司法的構造」認識から、彼らは経済的な構造に関しても、一挙に次のような結論を導く。すなわち、「不均等発展の地理学と分割とヒエラルキーの線は、もはや固定的な国民的あるいは国際的境界線にではなく、流動的な国民内的・超国民的な縁取りに沿うことになる」(p. 335)。

ここでハートとネグリが「国民内的な縁取り」と表現しているのは、ニューヨークやロンドン、東京などの「グローバル・シティ」内部での貧富の差の拡大であり、同時にそこでは「公共空間」が衰退して、ロサンゼルスに典型的に見られるような私的空間の「要塞化」が進行している、という事態である。つまり、「中心」あるいは「北」の内部で「新しい分節 *Segmentations*」が生じているのであり、いわば「周辺」あるいは「南」が内部化されている、ということである。したがって、「帝国の行政」の目的は、このように分節された社会的諸力の統合をはかり、さまざまな差異を平定して管理することとであって、その正当性の根拠は、紛争処理の局所的有効性に置かれることになる。

他方で、著者たちが「超国民的な縁取り」という言い方で表現しようとしているのは、「資本が世界となった」ことの結果として、「危機」もまたグローバルな規模で遍在しているということである。

「搾取への敵対が生産のグローバルなネットワークを横断して分節化され、あらゆる各結節点で危機を規定している。危機は資本主義的生産のポストモダン的全体性と共存している。……コミュニケーション的生産関係の一般化に基づく技術的発展が危機の原動力である」(pp. 385–386)。

アミンはかつて「ある体制はその中心部から乗り越えられるのではなく、むしろその周辺部から乗り越えられる」(Amin [1973] p. 8. 五頁) と述べた。それに対して、ハートとネグリの言う「滑らかな世界」とは、「中心─周辺」という不均等で非対称的な構造的関係が消滅したことによって権力と搾取がグローバルに遍在し、危機もまた遍在している世界なのであり、したがって「世界はいたるところから変わる」可能性をもつ世界でもある、ということになる。

そのことと密接に関連するのだが、著者たちは、資本主義世界システムへの反対運動のあり方そのものも大きく変わったと考えており、そのことを次のような挑発的な言い方で表現している。これが第四の問題点である。

「[国民的労働者階級の国際的連帯に基づく]そのようなプロレタリア・インターナショナリズムの時代は終わった、ということを今日われわれはみな明確に認識しなければならない。……プロレタリアートは、実際今日ではまさに自らがインターナショナルではなく、(少なくとも傾向的には)グローバルであることに気づく」(p. 50)。

このように「プロレタリアート」の運動がグローバルなものになったことの証拠として著者たちが挙げるのが、一九八九年の天安門事件、パレスティナのインティファーダ、一九九二年のロサンゼルス暴動、一九九四年に始まったメキシコのチアパスの蜂起、一九九五年二月のフランスでの連続的ストライキ、一九九六年の韓国の闘争などである。

ここで挙げられた例の多くが、狭い意味での労働運動あるいは階級闘争とは言えないことからもすぐわかるように、ハートとネグリが「プロレタリアートの運動」という場合には、労働と反乱の主体が根本的に変化しているという認識が前提になっている。「男性の集団的工場労働者がパラダイム的姿である工業労働者階級は、……資本主義経済における特権的地位とプロレタリアートの階級構成におけるヘゲモニー的地位を失った」のであり、「今日の生産的活動のさまざまな姿のうちで、(コミュニケーション、協同、情動の生産と再生産に関わる)非物質的労働力の姿が、資本主義的生産の図式においてもプロレタリアートの構成においてもますます中心的な地位を占めている」(p. 53)のである。

このように「プロレタリアートの階級構成」における変化を強調したうえで、著者たちは、先に挙げたさまざまな闘争を「帝国」に対する「グローバルなレヴェル」での直接的攻撃だと特徴づける。

「これはインターナショナリズム的闘争の新たなサイクルの現れではなく、むしろ社会運動の新しい質の出現だと認識できなければならない。……第一に、それぞれの闘争は、ローカルな状況にしっかり根ざしているが、直接にグローバルなレヴェルに飛躍し、帝国の構成をその一般性において攻撃している。第二に、すべての闘争は、経済闘争と政治闘争の伝統的区別を破壊している。闘争は同時に経済的で政治的で文化的であり、――だから生–政治的闘争、生の形態をめぐる闘争である。それは、新しい公共的空間と新しい共同体の形態を創造する構成的闘争である」(p. 56)。

しかしながら、それらの闘争が「帝国」への攻撃であるのは、「即自的」にそうであるにすぎない。つまり、ハートとネグリにとってはそのような意味をもつ、ということにすぎないのであって、それらの闘争への参加者自身がそう自覚しているわけではない。何よりも、それらの闘争には、相互の連帯も意志疎通もないのだから。

「[諸闘争の意志疎通を妨げる]障害の一つは、闘争が対抗する共通の敵が認識されていないことである。北京、ロサンゼルス、チアパス、ナブルス、パリ、ソウル。諸状況はまったく独自であるように見えるが、実際にはそれらはすべて直接に帝国のグローバルな秩序を攻撃し、真のオルタナティヴを探し求めている。だから共通の敵の本性を明らかにすることが本質的な政治課題である。第二の障害は、実際に第一の障害から派生するのだが、それぞれの闘争の独自な言語を世界市民的言語に「翻訳」できる闘争の共通言語がないことである。……重要な政治課題は、かつて反帝国主義とプロレタリア国際主義の言語が闘争のためにしたように、コミュニケーションを容易にする新しい共通言語を構築することである。おそらくこれは、類似ではなく差異に基づいて機能する新しいタイプのコミュニケーション、単独性のコミュニケーションでなければならない」(pp. 56-57)。

著者たちは、いわば「無い物ねだり」をしているのだろうか。ある意味ではそうである。彼らが前提としているのは、各国でマルクス主義的あるいは社会主義的な労働運動が解体し、国民的プロレタリアートのインターナショナルな連絡組織や連帯ももはや存在せず、そしてそれに取って代わる「思想=共通言語」も、グローバルな意志疎通や連帯もまだ存在しない、という現状認識である。そのような状況の中で、彼らは、未来のグローバルな運動の「徴候」を必死に探しているのだと言うことができるだろう。だから、次のような文章も、半ば予言であり、希望の表明なのである。

「帝国への現代的変遷の中で、もぐらの構築したトンネル［労働運動の国際主義的な連絡と連帯］は蛇の無限の波動に取って代わられた。近代世界とその地下通路の深さは、ポストモダニティではすべて表面的になった。今日の闘争は、これらの表面的な帝国の風景を横切って黙々と滑っていく。おそらく闘争のコミュニケーション不可能性、うまく構築された伝達トンネルの欠如は、実際は弱さというよりむしろ強さである。……帝国は、そのヴァーチャルな中心が表面を横切るどの点からも直接にアクセスできるような、一つの表面的世界を呈している。……これらの闘争は水平的にはリンクしていないが、それぞれが垂直に直接に帝国のヴァーチャルな中心に飛躍する、という事実によってこの新しい局面は画される」(pp. 57-58)。

現代の「帝国」の成立によって、これまでの対抗権力は無効になった。これが、ハートとネグリの現状認識なのだが、興味深いのは、「帝国」の成立そのものが対抗権力の闘争の成果だ、という歴史認識である。

「一九世紀と二〇世紀の最も強力な反乱的事件すべての中に生きていたプロレタリア的・反植民地的・反帝国主義的な国際主義、共産主義のための闘争は、資本のグローバリゼーションの過程と帝国の形成を予想し予期した。このように帝国の形成はプロレタリア国際主義への応答なのである」(p. 51)。

このような認識に基づいて、著者たちは、「帝国」そのものの中に新たな解放の「徴候」を読み取ろうとする。

「グローバリゼーションに先行してそれを予期した闘争は、生きている労働の表現だった。生きている労働は、自分に押しつけられた厳密な領土化の体制から自分を解放しようとした。生きている労働は、自分に敵対して蓄積された死んだ労働と争うとともに、自分を囚人にする固定化された領土化構造、国民的組織、政治的姿をつねに破壊しようとする。……群衆の活動性と主体性と願望の生産という展望を考えるならば、グローバリゼーションが、従来の搾取と管理の構造を現実的に脱領土化するかぎりで、いかに実際に群衆の解放の一条件であるかが認識できるだろう」(p. 52)。

要するに、経済的グローバリゼーションと政治的「帝国」が人々を「国民国家」への束縛から解き放ったのであり、その結果、「国民的」労働者階級の運動に基礎をおくインターナショナリズムは無効になったのだが、だからこそ、ナショナリズムからも解放されて直接に「帝国」に直面する人々のグローバルな闘争が可能になる、というのがハートとネグリの（半ば予言を含んだ）歴史＝現状＝未来認識なのである。

このように『帝国』の独自性は、国家間システムの現状をわかりやすく段階付けしたことにある。しかし、国民国家とナショナリズムは本当にもう「敵」ではないのだろうか。ナショナリティの脱構築は、「帝国」への移行によって自動的に与えられるものなのだろうか。ハートとネグリの『帝国』の最大の問題点はここにある。つまり、彼らは現在の「国民」国家とナショナリズムの意味と力を過小評価しているように私には思われる。平野千果子の言葉を援用すれば、「ほぼあらゆる民族が、一つの国民国家に服さなければ、グローバル化の進む社会をまだ生きていけないのが皮肉な現実である」（平野［2001］一八一頁）のに。

五　群衆の構成的権力

最後に、ハートとネグリの『帝国』がどのような変革の展望を描いているのかを見ることにしよう。彼らは「帝国」の成立と同時に「帝国」を変革する可能性が成立していると言うのだが、「帝国」成立の担い手であると同時に変革の主体であると想定されているものこそ、「すべての被搾取労働者」を包括する「群衆 *multitude*」である。

ハートとネグリが「群衆」と呼ぶ存在の中心をなすのは、「コミュニケーション、協同、情動の生産と再生産に関わる非物質的労働力」の担い手である。著者たちが「男性の集団的工場労働者がパラダイム的姿である工業労働者階級は、……資本主義経済における特権的地位とプロレタリアートの階級構成におけるヘゲモニー的地位を失った」(p. 53) とみなしていることはすでに指摘したが、これは「プロレタリアート」がいなくなったということではなく、「プロレタリアート」という言葉が指示する対象が、女性や子供を含む多様な未組織 (むしろ非組織) 労働者にまで拡大したということである。いささかわかりにくい言い方だが、彼らはこう述べている。

「プロレタリアート [=工業労働者階級のヘゲモニー的立場」が世界の舞台からまさに姿を消しつつあるとき、プロレタリアート [=資本に従属し搾取され、資本の支配の下で生産するすべての者という意味での」が労働の普遍的な姿になりつつある。……資本が生産諸関係をよりグローバルなものにするにつれて、労働のあらゆる形態がプロレタリア化される傾向にある」(p. 256)。

このような「グローバルな生産関係」の中におかれた「グローバルなプロレタリアート」が「群衆」なのだが、そのような言い方でハートとネグリが強調するのは、第一に、「搾取の現場」がいたるところに「遍在」しているということである。つまり、「[脱ローカル化され普遍的になった]新しい生産諸力は特定の場所をもたないが、それはそれらがあらゆる場所を占め、この無限の非場所で生産し搾取されているからである。……帝国は労働が搾取される世界生産の非場所である」(p. 210)。その結果、「もはや外部として認識できる場所がないのなら、われわれはあらゆる場所で抗わなければならない」(p. 211)ということになる。言い換えれば、「われわれは……グローバルに考えてグローバルに行動することを習い覚えなければならない。グローバリゼーションには対抗グローバリゼーションを、帝国には対抗帝国をぶつけなければならない」(pp. 206-207)。

第二に、「群衆」が「グローバルなプロレタリアート」であるというのは、彼らが実際に「国境を越える労働者」として現れるからである。

「規律訓練の時代にはサボタージュが抵抗の基本的考えだったが、帝国的管理の時代には脱走がそれである。……脱走と集団移動は、帝国的ポストモダニティの内部でそれに抗う階級闘争の力強い形態である。……新しい遊牧民の群、新しい野蛮人の種族が現れて、帝国に侵入し帝国を撤退させるだろう」(pp. 212-213)。

あるいは、こういう言い方。

「新しい規律訓練体制がグローバルな労働力市場への傾向を構築するとき、それはそれへの反対命題の可能性をも構築する。それは、規律訓練体制から逃れたいという願望と、自由を欲する規律づけられない労働者群衆を傾向的に構築する。……この人口の移動性は国内市場(特に国内労働市場)を個別に管理することを困難にする」(p. 253)。

このように搾取の現場からの「脱走と集団移動」を繰り返す「遊牧民=ノマド」の出現。ハートとネグリによれば、それは同時に「国民」という束縛への抵抗でもある。

「拘束への群衆の抵抗——一つの国民、一つのアイデンティティ、一つの民族への帰属という奴隷制に対する闘争、したがって主権とそれが主体性に割り当てている制限からの脱走——が、完全に決定的である。ノマディズムと異種族混交がここでは徳の姿として、帝国の領土における第一の倫理的実践として現れる。……今日の存在論の空間的次元は、人間的共同体を求める願望のグローバリゼーション、つまりそれを実際に共通のものにするという群衆による具体的過程を通して提示されている」(pp. 361-362)。

このように「群衆」はいわばグローバリゼーションのオルタナティヴを要求する存在として描かれている。ネグリが一貫して強調してきたように、「群衆」は「構成的=憲法制定的 *constitutive* 権力」の担い手なのである(ネグリ[1999]参照)。

では、「群衆」が要求するオルタナティヴとは、具体的にはどのようなものなのだろうか。著者たちは、次のような三つの政治的要求を列挙している。

第一は、国境を越える労働者の権利保障としての「グローバルな市民権」である。

「グローバルな群衆のための政治的綱領の第一の要素、第一の政治的要求は、グローバルな市民権である。……すべての人に滞在許可をという要求が意味するのは、何よりまず、誰でも自分が住み働く国で完全な市民権を有するべきだということである。……この政治的要求は、資本主義的生産の現実を法的に認め、すべての労働者に完全な市民権を与えよ、ということである。……最初は資本が必要とする移民を法的に認めるよう各国に要求するとすれば、次に群衆は自分自身で移動を管理することを要求しなければならない。群衆は、自分が移動するかどうか、いつどこに移動するかを決定できなければならない。群衆はつねに移動を強いられるより、むしろ一ヵ所にとどまって楽しむ権利ももたなければならない。自分自身の移動を管理する一般的権利が、群衆によるグローバルな市民権の最終的要求である。……グローバルな市民権は、空間に関する管理を奪還して新しい地図作成法をデザインする、群衆の権力である」(p. 400)。

第二は、生産現場のネットワーク化と偏在に対応する「社会的賃金」である。

「生―政治的生産のこの［生産・再生産・非生産的労働を含む］一般性が群衆の第二の綱領的な政治的要求を明確にする。社会的賃金と万人のための所得保障である。……社会的賃金は家族［＝性的分業の武器としての扶養手当］を超えて、失業者を含む群衆全体にまで拡大される。群衆全体が生産しているからであり、その生産物は総社会的資本の立場から必要だからである。……労働が個人化されえず測定されえないとき、「平等な労働には平等な支払いを」という古いスローガンを支持することはできない」(p. 403)。

そして第三は、自分自身の精神と身体に統合された「生産手段の奪還」である。「群衆の第三の政治的要求はこう定式化できる。奪還の権利。奪還の権利は何よりまず生産手段の奪還の権利である。……生産手段がますます群衆の精神と身体に統合されるにつれて、群衆は生産するのに機械を使うだけでなく、ますます機械そのものになる。この文脈では奪還とは、知識・情報・コミュニケーション・情動に自由にアクセスし、それらを管理できることである――これらは主要な生―政治的生産手段だからである。……奪還の権利は、実際に群衆の自己管理と自律的自己生産の権利である」(pp. 406–407)。

第一の「グローバルな市民権」は、部分的にはヨーロッパ連合の「EU市民権」として実現しているものであるし、さらにそれを超えて、EU域外からの移民労働者の権利保障の問題として、ヨーロッパで今まさに焦眉の実現課題となっている(Balibar [1998] 参照)。それに対して、第二と第三の要求は、表現の仕方は異なっていても、むしろ伝統的な共産主義的主張であると言ってもいいだろう。ハートとネグリは、その正当性根拠をこのように述べているからである。「群衆の生産様式は、労働の名において搾取に対抗し、協同の名において所有に対抗し、自由の名において腐敗に対抗する。それは労働する身体を自ら価値付けし、協同を通して生産的知性を奪還し、存在を自由に変える」(pp. 408–409)。

著者たちは別の箇所で、「人間の権力が直接に自律的な協同的・集合的力として現れるとき、資本主義的前史は終わる」(p. 366) と述べているのだが、これがマルクスの『経済学批判』序言の有名な文章の言い換えであることは誰でもすぐに気がつくだろう。

あるいは、ハートとネグリの主張は、むしろ伝統的な人間主義の宣言、「人間的なるものの復権」の要求だと言うべきかもしれない。彼らは次のように述べるのだから。「今日の生産的マトリクスにおいては、労働の構成的権力は、人間的なるものの自己価値付け（世界市場の全領域での万人の平等な市民権）として、協同（意志を通じ合い、言語を構築し、コミュニケーション・ネットワークを管理する権利）として、そして政治的権力として、あるいは実際に権力の基礎が万人の欲求の表現によって規定されるような社会の構成として、表現することができる」(p. 410)。

こうして『帝国』は、次のような美しい、しかし謎に満ちた文章で終わる。

「アッシジの聖フランチェスコは、生まれつつある資本主義に反対してあらゆる道具的規律を拒絶し、（貧困と構成された秩序の中での）肉の禁欲に反対して、あらゆる存在と自然、動物、われらが兄弟たる月と太陽、野の鳥、貧しい搾取されている人間を含む喜ばしい生を、権力意志と腐敗に対置した。ポストモダニティの中でもう一度われわれは、権力の惨めさに存在の喜びを対置しつつ、フランチェスコの状況にあることに気づく。これはどんな権力も管理できない革命である――愛と素朴さと無垢の中には、生―権力と共産主義、協同と革命がともにあるからである。これは共産主義的であること *being communist* からくる抑えがたい軽やかさと喜びである」(p. 413)。

このような『帝国』について、スラヴォイ・ジジェクは、「ハートとネグリは私たちの時代のために『共産主義者宣言』の書き直しを行っている」と絶賛し、エティエンヌ・バリバールは、「本書は疑いもなく、哲学者、政治学者、社会主義者たちに、永続的で激しい議論を引き起こす引き金となるだろう」と高く評価している（浅野［2001］八五頁）。マルクスたちの『共産党宣言』は、プロレタリアートに自国のブルジョアジー打倒を求める点で、中心諸国内部の革命の理論であり（植村［2001］第四章）、周辺諸地域の変革の展望を直接に示すものではなかった。その後のマルクス主義は、たしかに周辺における反植民地主義＝反帝国主義の闘争にコミットしたのだが、結局それをナショナリズムと接合させてしまった。それに対してハートとネグリの『帝国』は、全世界の群衆に直接に「帝国のヴァーチャルな中心」への攻撃を求める点で、かつてのマルクス主義よりもはるかに普遍主義的であるが、しかし、その世界認識はあまりに抽象的かつ図式的であると言わざるをえない。『構成的権力』と同様に、『帝国』も現状分析の書というより、半ば政治哲学史の書であり、半ば予言の書なのである。特に、最後の「グローバルな市民権」という要求はそれ自体重要でかつ正当な主張であるが、しかし、これらの要求が突きつけられる場は「帝国」なるものではなく、いまだそれぞれの国民国家でしかありえないのではないか。私たちの実践的課題はなお、「グローバルに考えつつ、ナショナルな場で、ナショナルなものを脱構築すること」ではないのだろうか。

栗原幸夫は、「ネグリには資本の文明化作用に対する信頼があるのではないか。文明化作用が必ず対抗勢力を生み出すと思っている。しかしそれについての分析がない」（杉村他［2002］一六八頁）と発言しているが、ネグリの主張する「群衆のヴァーチャリティ」論が『経済学批判要綱』の「社会的個人」論に着想を得た疎外論的な潜在力論であることは明らかである（Negri [1979] p. 262）。これは、具体的な状況に適用するにはあまりにも抽象的な長期的「傾向」に関する議論にすぎないのだが。

また「群衆」という概念については、『帝国』出版後のインタビュで、ハート自身がこう弁明している。

「群衆＝数多性を社会的および社会学的な言葉でどのように理解すればよいのかという点は、まだまったく明らかにされてはいません。これこそが、ぼくらの本の最も重大な欠点だと、現在のぼくらは考えています」（ハート他 [2001] 一一三頁）。

このように『帝国』は多くの空白を抱え込んだ書であるが、だからこそ同時に開かれた書物であり、その豊富な問題提起を受け止めて考えることは私たち自身の仕事なのである。しかし、この仕事は、「〈帝国〉対群衆 *multitude*」という対抗図式を実体化して考えることでもなければ、「帝国」という言葉を再び帝国主義の別名へと引き戻して厳密な概念規定なしに濫用することでもない。名辞の濫用が思想の混乱を招いているのが現状だからだ。この仕事の中心的課題は、むしろ「世界システム論」の再検討と再構築でなければならないだろう。そのためには、そして『帝国』の問題提起を受け止めて本当に生かすためには、逆説的だが「帝国」という名辞そのものをいったん拒否する必要さえあるかもしれない。

III
経済学批判の歴史的位置

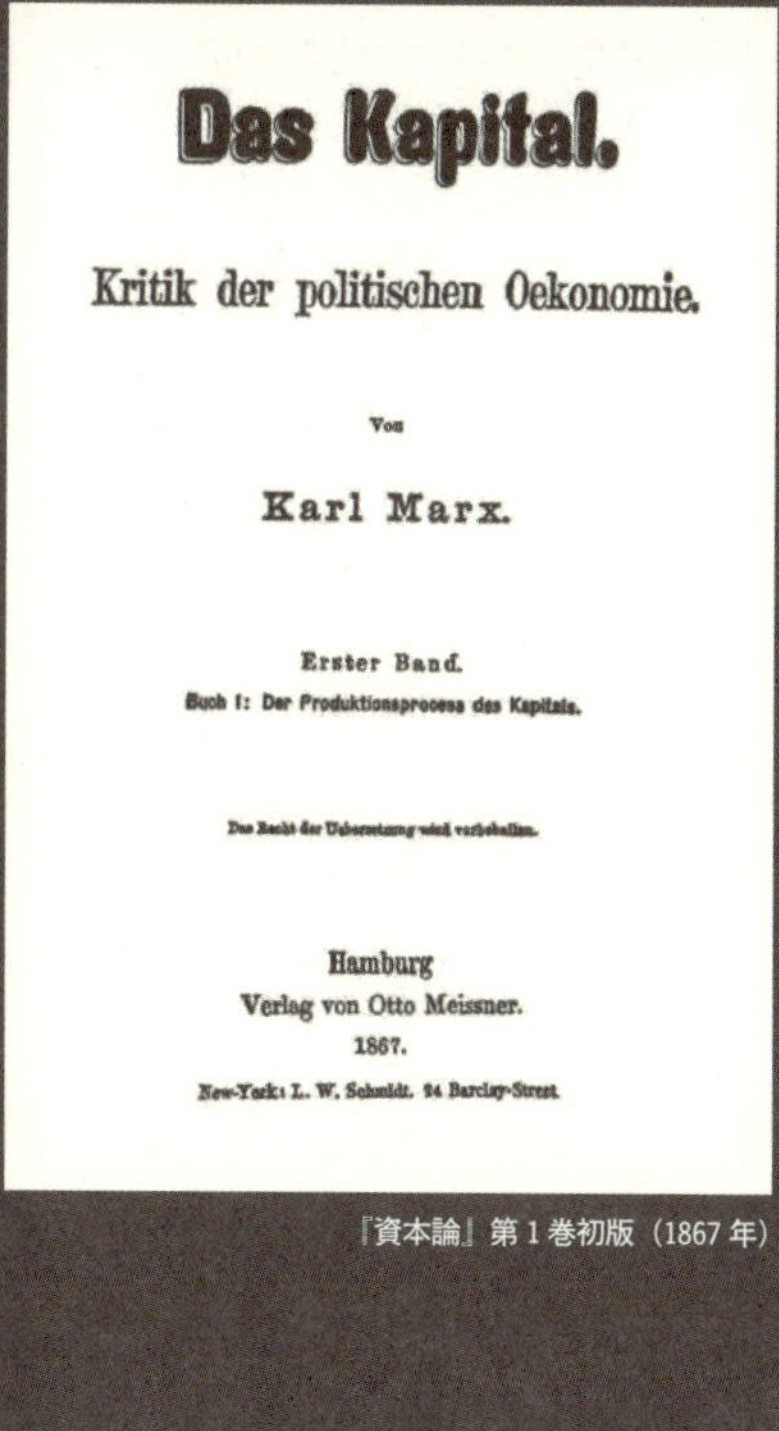
Das Kapital.

Kritik der politischen Oekonomie.

Von

Karl Marx.

Erster Band.

Buch I: Der Produktionsprocess des Kapitals.

Das Recht der Uebersetzung wird vorbehalten.

Hamburg

Verlag von Otto Meissner.

1867.

New-York: L. W. Schmidt. 24 Barclay-Street.

『資本論』第1巻初版（1867年）

第七章　ドイツ初期社会主義と経済学

はじめに

本章で描かれるのは、マルクスのライフワークである「経済学批判」の歴史的位置を明確にするための前提となる、マルクス以前のドイツの思想史のひとこまである。もう少し具体的に言えば、ここで私が試みようとするのは、ドイツにおける近代的社会科学の成立過程を、一八三〇年代から四〇年代にかけての初期社会主義と経済学とのかかわりを中心にして概観し、まだ残されている研究課題を展望することである。この時代のドイツは、経済学史や社会思想史にとっては、これまでもっぱらフリードリヒ・リスト（Friedrich List, 1789-1846）と初期のマルクスとを二大登場人物とする舞台であり、日本における経済学史と社会思想史の研究史もまたこの二人に関する研究の蓄積を抜きにしては語ることができない。しかしながら、本章の主要な対象はこの二人ではなく、この二人のはざまに位置する思想家の群像である（この時期の急進主義的諸思想を概観したものとして石塚［1983］がある。また、マルクス対リストという問題設定としてSzporluk［1988］がある）。

ここで私が主として取り上げるのは、これまで十分には知られていなかった、あるいは限られた思想的関心からしか研究されてこなかった人物たちであるが、それは、彼らの社会理論や経済思想を検討することが今改めて重要な意味をもちうると考えるからである。彼らの思想の検討は、第一に、この時代のドイツが直面していた社会的・経済的問題とそれへの対応の仕方の幅の広がりを明らかにし、第二に、そのことによってリストやマルクスの経済学ないし経済学批判のもつ同時代的意味を側面から明らかにするだけでなく、第三に、貨幣や市場や分業等の意味を再考させる根源的な問いかけを現代の私たちに与えてくれるであろう。

ドイツにおける社会科学の形成を問題にする場合、出発点として重要なのは、ゲッティンゲン大学を窓口とするスミス経済学の導入そのものよりも、むしろヘーゲルによる「市民社会」論の受容であろう（山中［1982］；Waszek［1988］）。一八二一年の『法哲学』において彼は、後の初期社会主義と経済学とが共有する時代の問題にすでに焦点をあてている。すなわち、近代市民社会は「全面的依存性の体系」であると同時に「対立的諸関係」（一八五節）の場であり、特に「富の蓄積の増大」の他面で「特殊的労働に縛りつけられた階級の隷属と窮乏とが増大し、これと関連してこの階級は、その他もろもろの能力、とくに市民社会の精神的な便益を感受し享受する能力を失」って「窮民 *Pöbel*」化する（二四四節）、という問題である。これこそ、ヘーゲルがスコットランド啓蒙ないしイギリス経済学の研究から引き出した、近代市民社会に不可避の問題であり、一八三〇年代には「大衆的貧困 *Pauperismus*」、一八四〇年代には「社会問題 *soziale Frage*」と呼ばれることになる問題であった。

ヘーゲル以後の社会科学の成立過程は、英仏が先行的に示し、ドイツでも発生しつつあるこの社会問題への解決策を与えるための新たな知的枠組みの模索過程にほかならない。この対応には大きく二つの道が区別される。一つは初期社会主義であり、もう一つがリストに代表される国民的経済学である。あえて図式的に言うなら、前者は社会問題に対して社会組織の全面的変革で答えようとするものであり、後者は生産力＝富の増大に解決を求めようとするものであった。本章では、これまで論じられることの少なかった一八四〇年代のドイツ初期社会主義と経済学とのかかわりを中心に論じることにする。なお、ここで「初期」社会主義という言葉を使うのは、それが一九世紀後半以後の社会主義とは時代背景も、その課題や思想的内容も異なるということを明確にするためであって、けっして「本来の」社会主義に対して「前期的」だという価値判断を含んだ意味でではない。

一　ドイツ共産主義の「市民社会」批判

ドイツ最初の共産主義者モーゼス・ヘス（Moses Hess, 1812-1875）にとって、一八三七年の処女作

『人類の聖史』以来の一貫した問題意識は、現在の社会の矛盾を、貨幣の所有を媒介とする富と貧困との対立として把握することにあった。社会の一部の者のますます増大する富と他の部分の者のますます増大する貧困、大衆的貧困と貨幣貴族制との対立がやがて絶頂に達し、そしてカタストローフとしての革命が勃発する、というのが彼の当初からの展望であった。したがって、彼の市民社会批判の中心は、貨幣貴族制を成立させる根拠としての貨幣そのものの批判におかれる。

彼は、一八四四年の論文「貨幣存在について」の中で、近代の商品生産＝交換社会を「キリスト教的小商人世界」と呼び、そこでの貨幣の本質を、人間の現実的本質である「交通」の疎外された、個人に外的に対立する媒介物として把握する。つまり、貨幣は「人間の外化された能力であり、商品取引される生命活動」なのであるが、それがそのようなものでありうるのは、人間の能力の質的差異を量的差異に還元し、表現しうるかぎりにおいてである。「貨幣はその本性からして、非有機的で、組織的構成も内的区別ももたず、一つの死せる量、総計ないし数にほかならない。生きている存在、人間および人間の最高の生活と活動、それらの価値がどうして総計とか数とかで表現されることができようか」(Hess［1975］S. 25)。社会的分業と商品交換に基づく市民社会の存立基盤にかかわる、言い換えれば価値論の根底にかかわるこの究極的な異議申し立てこそ、ヘスのみならず、この時期の共産主義者に共通して流れる問題意識なのである。

その結果、社会変革の構想の中心は、貨幣の廃棄におかれることになる。生産物の交換だけでなく、人間の能力そのものの交通が貨幣という「偶像」から再び引き離され、理性的法則に従って規制されなければならないのであり、そのためには、人間が「個別化された諸個体」という在り方を脱し、「同一の有機的全体の一員」として「組織された生産物交換、組織された活動」を通して「彼らの諸力を共同して発揮する」ことができるような社会が実現されなければならない。では、誰がどのように組織するのか。その核心が明確ではないのだが、結局、中央管理機関が直接に社会的分業の編成と生産物の社会的再分配の担い手となるならば、私的個人間の交換関係そのものが廃止され、したがって、貨幣は言うまでもなく、交換価値に基礎をおく生産＝交通の全体系そのものが廃止される、とへスは主張するのである。これこそ近代「市民社会」に取って代わるべき自由で平等な「共産主義社会」の、いまだ具体的ならざる構想であった（植村［1990］第八章。なお近年のへス研究の特色は、疎外論を中心にマルクスとの関係を問題にする従来からの初期へス研究（Leber［1987］; Rosen［1983］）と並んで、後期へスのシオニストとしての側面を重視するもの（Avineri［1985］; Na'aman［1982］）が増えたことである）。

へスと並ぶ最初のドイツ人共産主義者の一人であるヴィルヘルム・ヴァイトリンク（Wilhelm Christian Weitling, 1808–1871）もまた、一八三九年の『人類、その現状と未来』や一八四二年の『調和と自由の保障』の中で、近代社会における「財の分配と享受との不平等、ならびにこれを生み出す労働の配分の不平等」を維持しているのは貨幣だと主張し、「貨幣制度なき財産共同体」をそれに対置する。彼の構想はへスよりは具体的である。彼もまた、中央管理機関による労働時間の平等な割り当て、必需品の平等な配分を想定するのだが、彼はさらにそれに加えて「個人的自由の原則」を生かすために、定められた労働時間を超えた各人の自発的な労働時間、すなわち「交易時間 *Kommerz-stunde*」を設定する。このいわば社会的剰余労働の領域においては、「すべての加工生産物の価値は労働時間によって規定され」、それに対して各個人は「交易時間を記入する帳簿」を受け取り、それが貨幣に取って代わって、事実上価値法則に基づく生産物交換が行われるのである（Weitling [1974] S. 163–171）。社会的必要労働の領域での「平等」と社会的剰余労働の領域での「個人的自由」、前者での「貨幣の廃棄」と後者での「交易時間帳簿」、この二元論＝経済の二重構造がヴァイトリンクの考えた「調和と自由の保障」であった（ヴァイトリンクの三月前期の実践についてはHaefelin [1986]；Marsiske [1986]、彼の科学観についてはKnatz [1984]、一八五〇年代の彼の交換銀行論の紹介としては石塚 [1991] がある。しかし、彼の経済思想の分析はなお今後の課題である）。

ともにアカデミーの圏外にいたヘスやヴァイトリンクのイギリス古典経済学に関する知識と理解は、ヘーゲルにはるかに及ばないものであった。彼らの市民社会批判は、反経済学ではあっても経済学批判ではない。彼らには、「全面的依存性の体系」＝商品交換に媒介された社会的分業についての十分な認識がなく、その結果、明確な価値論も生産力論もない。だから彼らの批判は、生産過程の内部ではなく、流通過程の反社会性に向けられ、商品交換＝貨幣経済そのものに対するいわば自然法的な批判にとどまったのである。

二　シュルツの経済認識と社会変革構想

共産主義者とは異なり、リストと同じように講壇的国家学の伝統から出発しながら、スミス経済学を吸収しつつ伝統的国状論の近代的転回をはかることによって「社会問題」を解決する新しい社会科学を構築しようとしたのが、ヴィルヘルム・シュルツ（Wilhelm Schulz, 1797–1860）であった。彼は、一八三八年の『文化の統計学』において、自らの「国家と社会の新しい科学」の課題を「諸国民の生活の運動法則」の把握におき、そして諸国民の生産諸力とそれが作用する様式としての労働組織のさまざまな段階と形態とが、本質的に物質的生産の範囲と性質を条件付け、また同時に諸国民の精神的形成と生活段階との程度の高低を表現する、と主張した。さらに彼は、一八四三年の『生産の運動』では、社会的分業の展開と、「生産的人間諸力と非知性的自然諸力との関係」を媒介する生産手段の発展とを基本的視点として、人類史の発展過程を「手労働→手工業→マニュファクチュア→機械制」の四段階において把握し、物質的生産諸力の発展が社会組織を規定するという経済的・社会的発展の法則に従って未来社会の展望を与えようとした（以下のシュルツの思想については植村［1990］を参照されたい）。

しかし、同時に彼は、近代社会の現状がこの展望とは矛盾しており、「機械制の完成による時間の節約にもかかわらず、多数の住民にとって工場での奴隷労働の継続時間は増大するばかりである」ことを明確に認識した。その根底にあるのは、資本家と労働者との間の「労働と所有の悪しき分配」であり、それはまさに「自然に反した分配」なのである。ここから、労働時間の短縮と「自由時間」のより平等な分配、および自己労働に基づく「国民所得の調和的で相応的な分配」こそが、労働者の正当な自然の権利なのだ、という主張が出てくる。

このように、シュルツは社会的分業と機械制とに基づく近代的生産諸力の構造を明確に認識し、その国民的成果に対する労働者の「正当な」権利を要求することによって、ドイツ共産主義とリストの国民的生産力論とを媒介する位置に立っている（リストの政治思想については中西［1983-84］、またシュルツとリストの間に位置する政治的自由主義者の経済思想については手塚［1983-84］参照）。したがってシュルツは、「市民社会」批判者というより、むしろ「資本主義社会」に対する最初の批判者の一人なのである。

シュルツはまた同時に、フランス初期社会主義思想のドイツへの最初の紹介者でもあった。彼は一八三二年にいち早く「アソツィアツィオンの原理」に従った農業生産協同組合構想を示し（ほぼ同時期のガルの協同組合構想については近田［1985］参照）、一八三七年には、ドイツで初めてフーリエ、オウエン、サン・シモン主義者の三者を相互に比較しながら論じ、「社会状態の普遍的調和の基礎を、まさに人間の諸性向の最も自由で最も全面的な発達に置こうとする」フーリエを高く評価するとともに、同時に「最良の生産諸力」を保障する包括的な協働的生産関係の在り方としての「アソシアシオン」の概念を受け入れている。そして『生産の運動』では、先に述べた生産諸力の発展段階認識をふまえて、資本家的工場そのものが、一方での「奴隷制的搾取」にもかかわらず、結果的に労働者の「利害と労働の共同性」を成立させることによって「労働者のアソツィアツィオン」を準備すると考えるにいたった。

シュルツは、この「アソツィアツィオン」の実現こそ生産諸力の発展法則に規定された歴史的必然だと述べることによって、共産主義者の財産共同体論を批判するのだが、彼の「アソツィアツィオン」論は、共産主義とは逆に、貨幣批判なしの資本主義的搾取批判であった。彼は一八四六年の『共産主義』の中で、ヘスやヴァイトリンクの考える中央集権的な生産物交換の組織化は、時間・輸送・労働の最も明白な浪費だという意味で反経済的だと批判し、しかもヴァイトリンクの「交易時間帳簿」も結局は「不適切な紙幣」にすぎないと一蹴する。シュルツにとっては、多様な消費欲求は多様な生産を刺激し、社会的分業と生産物交換を必然化するのであって、貨幣の廃棄は生産と欲求の多様性を暴力的に狭め、制限するものでしかないのである。彼が構想した「新しい社会」は、自主管理的な「労働者アソツィアツィオン」を生産単位としつつ、市場の自動調節機構と国家による所得再分配とを組み合わせた、一種の混合経済だと言うことができる。

三　歴史学派と経済学批判の形成

シュルツの主著が出版された一八四三年は、歴史学派誕生の年でもあった。ヴィルヘルム・ロッシャー（Wilhelm Georg Friedrich Roscher, 1817-1894）は『歴史的方法による国家経済学講義要綱』で、自らの「歴史的方法」の目標を「知りうるかぎりのあらゆる諸民族」の比較を通して「大量の諸現象から本質的なもの、合法則的なものを発見すること」に置き、「諸々の民族の発展における同質なものを発展法則として総括」する学として国民経済学を位置づけたが（Roscher［1843］S. IV-5）、これは歴史の発展法則認識という問題意識に関するかぎり、シュルツと共通する。しかし、「国民の富の促進」さえも本来の目的とはせず、「歴史的方法はどの経済的制度をも一概に称賛したり、あるいは一概に批判したりはしない」と断言するロッシャーの国家経済学は、イギリス古典経済学に関する豊富な知識を示してはいても、リストの国民的経済学とは異なり、一八四〇年代の「社会問題」に対しては何の実践的意味ももたない。

そのロッシャーとは対照的なのが、ブルーノ・ヒルデブラント（Bruno Hildebrand, 1812-1878）である。一八四八年の『現在と将来の国民経済学』は、経済学を「諸国民の経済的発展法則の学」として再構築するという問題意識をロッシャーと共有するが、その中心課題は、私的所有を廃棄することなしにスミス的な「原子論的市民社会」と「貨幣経済」の弊害を解消するための「一つの倫理的科学」を確立することにあった。彼は、プルードンを援用しつつ（プルードン受容の他の例については、村上［1983］;［1987］参照）、「貨幣経済」から「信用経済」への段階移行によって、有機体としての国民経済における「交換の組織」が実現すると述べるのだが（Hildebrand［1922］S. 223-229）、その具体的内容は明らかではない。彼の生産過程批判抜きの「貨幣経済」批判は、具体的な社会変革の構想をもたず、結局は家族を倫理的基礎とする国民の有機体的全体性と倫理性との強調へと帰着する。ここに示されているのは、後の「社会政策」的改良へといたる道なのである。

初期のマルクスについては次章以降で改めて論じることにして、ここではただ次のことだけを述べておく。すなわち、マルクスは本章で取り上げた群像の中の誰よりも若い「遅れてきた青年」であり、そのために先行者たちから最も多く学ぶことができた、ということである。彼が社会主義と経済学の問題との本格的な格闘をはじめるのは、一八四四年の『経済学・哲学草稿』からであるが、この書はまさにヘス、ヴァイトリンク、シュルツの問題意識に学びつつ、スミスを直接にくぐることでヘーゲルの「市民社会」論を乗り越えようとする試行錯誤の過程の出発点であり、また彼が「アソツィアツィオン」についてはじめて語った書でもあった（これについては植村［1990］終章第1節を参照されたい）。ここから、歴史学派のスミス批判とは異なる経済学批判が形成されていくのである。

四　むすび

このように一八四〇年代ドイツの思想状況は、プロレタリア階級の救済よりも「空の国庫」の解消こそを先決問題としたリストの国民的生産力論から、暴力革命による財産共同体の即時実現を目指したヴァイトリンクの共産主義にいたるまでの、幅広いものであったが、それらを当時の「社会問題」に対する多様な解答の試みとして包括的にとらえ、そのような歴史的文脈の中で彼らの時論と理論の意味を再検討することは、いまなお経済学史・社会思想史研究の課題たりうるであろう。その際、特にドイツにおけるスコットランド啓蒙とイギリス古典経済学の受容の評価が改めて重要な意味をもつであろう。さまざまな思想家におけるそれらの受容の有無が、結果として「市民社会」の生産力的構造の認識の有無を生み出し、それが近代社会に対する批判の主軸の違いと、「社会問題」解決のための社会変革の方向性の違いとをもたらすことになった、と言うことができるからである。

一八四〇年代を特徴付ける初期社会主義と経済学とのかかわりというこの思想的テーマは、現実の歴史の中では、一八四八年三月革命の挫折によっていったん実践的意味を失う。このときリストはすでに亡く、本章に登場した人物は、ロッシャーを除いてすべて亡命者となる。一八四〇年代には重なり合っていた思想圏は、一八五〇年代以降は、アメリカやスイスで新たな実践に取り組む亡命者群像を間にはさみながら、世界経済の首都ロンドンで改めて社会主義の弁証としての経済学批判体系の構築を図るマルクスと、ドイツの国民経済的利害という大枠の中で「社会政策」的立場に立つ歴史学派とに、両極分解していくのである。

第八章　マルクスとエンゲルスの経済学批判

一　マルクス、エンゲルスとその時代

ドイツにおける経済学の歴史的起源は、一六世紀以降の「官房学 *Kameralwissenschaft*」にまで遡ることができる。しかしこれは、君主が支配する領国の管理・行政のための政策的学問であり、財政や貿易にかかわる経済政策を含んでいるとはいえ、近代の経済学とは直接には結びつかない。ドイツにおける経済学の成立にとってより重要なのは、イギリス古典経済学の輸入である。北ドイツのハノーファー王国が、一七一四年以来一八三七年にいたるまでイギリスと同君連合（同じ国王を戴く国家連合）の関係にあったことから、当地のゲッティンゲン大学がイギリス経済学導入の主な窓口となっ

た。アダム・スミスをはじめとするスコットランド啓蒙の諸著作は、ほとんどすべてが出版直後にドイツ語に翻訳されている。

この輸入経済学から深く学んで、資本主義経済の問題をドイツ的「市民社会」論としてはじめて展開したのは、哲学者ヘーゲル（Georg Wilhelm Friedrich Hegel, 1770–1831）である。彼は一八二一年の『法哲学』の中で、近代「市民社会」は社会的分業と交換に基づく「全面的依存性の体系」であると同時に、諸個人の「対立的諸関係」の場であり、一方で「富の蓄積の増大」が見られるにもかかわらず、他面では「特殊的労働に縛りつけられた階級の隷属と窮乏」とが増大し、その結果、この階級は「市民社会の精神的な便益を感受し享受する能力」を失って「窮民化する」と述べている。これこそ、一八三〇年代には「大衆的貧困」、一八四〇年代には「社会問題」と呼ばれることになる問題であった。

以後のドイツ経済学の成立過程は、産業革命後の資本主義が以前にまして大きな規模で生み出しつつあるこの「社会問題」への解決策を与えるための、新たな知的枠組みの模索過程にほかならない。リスト（Friedrich List, 1789–1846）に代表される「国民経済学」は、国民的生産力の構築による富の増大に「社会問題」の解決を求めようとするものであったし、彼にやや遅れるマルクスとエンゲルスが直面した時代の問題もまた、「遅れた」ドイツに形成されつつある資本主義経済の矛盾をどう克服し「社会問題」にどう答えるか、ということにあった。

マルクスは、ナポレオン体制崩壊後フランスからプロイセン王国に再編入されたライン地方の古都トリーアに、一八一八年に生まれた。父は弁護士で、父の希望に従ってマルクスもまずボン大学で法律学を、次いでベルリン大学で哲学を学んだ。卒業後は大学教員を志望していたが、知人がその自由主義的思想を理由に大学講師の職を失うにいたる政治的状況を目の当たりにして断念し、ジャーナリズムの道に進んだ。一八四二年以後『ライン新聞』をはじめ多くの新聞、雑誌を編集し、論説を寄稿しながら生活していくことになる。一八四三年以降はパリ、一八四五年からはベルギーのブリュッセルが、彼の生活と活動の場となった。

他方エンゲルスは、一八二〇年にライン地方の繊維産業の町バルメンに、裕福な実業家の長男として生まれた。家業を継ぐことを期待された彼は、正規の大学教育を受けることなく貿易業の見習い修業の傍ら文学や哲学を独学したが、一年志願兵として軍務に就いたベルリンで大学の講義を聴講するとともに青年ヘーゲル派との交友関係を深めた。一八四二年以後は父が共同出資したマンチェスターの綿業会社で仕事をしながら、イギリスの労働者の状態を見聞し、経済学の批判的考察を開始する。このような中から生まれたのが、一八四四年の論文「国民経済学批判大綱」であり、翌年の著作『イングランドにおける労働者階級の状態』であった。一八四四年にパリを訪れたエンゲルスは、やはり経済学批判に着手していたマルクスと生涯にわたる同志的協力関係を結ぶことになる。彼らの協力関係の最初の成果が、一八四五年の共著『聖家族』であり、それに続く草稿『ドイツ・イデオロギー』であった。

当初、マルクスとエンゲルスが「社会問題」に対する答えを見いだそうとしたのは、共産主義であった。それは、一八四〇年前後にフランスで誕生し、まもなくドイツに波及した思想運動であり、共産主義者たちは社会の全面的な再組織こそ解決手段だと考えたが、その変革構想の中心は、私的所有の廃止による財産共有制の確立と、貨幣の廃止による直接的再分配制度の確立であった。つまり、貨幣経済こそ「社会問題」の根源だと見てそれを廃止し、貨幣経済以前の共同体的な再分配経済を復活させようとするのである。マルクスとエンゲルスは、一八四六年頃から共産主義の政治運動に関わるようになり、在外ドイツ人の政治結社である共産主義者同盟の創立に参加して、一八四八年には同盟の綱領として共著『共産党宣言』を執筆する。彼らは、一八四八年三月革命が勃発するとドイツに帰国して『新ライン新聞』を創刊し、活発な宣伝活動を展開するが、一八四九年に革命が敗北した後はロンドンに脱出し、そこを終生の亡命の地とすることになった。

このように共産主義者を自認したマルクスたちであったが、彼らは早くから同時代の共産主義思想に対する批判を表明してもいた。彼らの独自性は、性急な貨幣批判や貨幣廃止論を唱えることをせず、貨幣の成立の必然性を探ろうとしたことにある。つまり彼らは、資本主義的商品経済そのものの存立構造を、スミスやリカードゥをはじめとする従来の経済学諸理論の批判的検討を通して明らかにしようとしたのである。こうして「経済学批判」が彼らの共通項となる。

二　エンゲルスの経済学批判

経済学批判という問題意識に関しては、エンゲルスはマルクスの先導者であった。彼の経済学上の主著は、マルクスが編集した雑誌『ドイツ・フランス年誌』に寄稿された論文「国民経済学批判大綱」（一八四四年）であり、エンゲルスのこの論文を読んだことが、マルクスが古典経済学の本格的な研究を開始するきっかけとなったからである。

エンゲルスが「国民経済学」と呼んだのは、リストの経済学ではなく、イギリス古典経済学である。彼は、それを「商業が拡大した自然の結果として生まれた」もので、「単純で非科学的な暴利商業に代わる、公然と許された詐欺の完成した体系、すなわち完結した致富学」（Engels［1844］S. 499. 五四三頁）だと理解した。彼によれば、貿易差額説を主張する重商主義に対して、自由貿易を唱える国民経済学の「唯一の積極的な進歩」は、私的所有の諸法則を展開したことにあるが、他方では「私的所有の正当性を疑ってみようとは夢にも思わなかった」（*ebd.*, S. 500. 五四四頁）ことが、その最大の問題点である。この経済学の目的は、私的所有の保全と正当化であり、したがってそれは「政治経済学」を自称しているにもかかわらず「私的経済学」（*ebd.*, S. 503. 五四六頁）なのである。

このようにエンゲルスは、「私的所有」こそが商品経済の基本原理であると考えた。生産物が私的に所有されているからこそ、「商業、すなわち相互の必要物の交換」が不可欠となるのである。しかし、彼の理解では、商業は「できるだけ高く売って、できるだけ安く買う」という「合法的な詐欺」であり、「共食いする猛獣」同士の競争なのであって、商品交換が「関与者全部に有利な」等価交換だというスミスの説明は「プロテスタント的偽善」(*ebd.*, S. 504. 五四七頁)にほかならない。このような言い方からわかるのは、エンゲルスがはじめから古典経済学の外部に「批判」の立脚点を置いているということである。

古典経済学の理論に対するエンゲルスの批判は、抽象的な「実在しない」規定に経験的現実を対置するという形で行われる。彼は、古典経済学の価値・価格・地代などに関する定義に対して、「競争」を考慮に入れていないために抽象的で非現実的な定義になっている、と批判するのである。たとえば「価値とは、生産費と効用との関係である」のだが、「物の効用の大小についてある程度客観的で、外見上一般的な決定に達するただ一つの可能な方法は、私的所有の支配の下では、競争関係である」のだから、実際には「競争のもちこむ効用は偶然や流行や富者の気まぐれに左右され、競争のもちこむ生産費は需要と供給との偶然の関係に応じて上下する」(*ebd.*, S. 508. 五五二頁)ことになる、という具合に。

さらにエンゲルスは、私的所有を前提とするかぎり、土地・資本・労働という生産の三要素も相互に分裂したものとして現れ、それらの間での収益の分配に際しても、「まったく外的で、それらにとって偶然的な尺度、すなわち競争または強者の老獪な権利がことを決する」以外にはなくなる、と説明する。そもそも「私的所有が存立しているかぎり、結局いっさいが競争に帰着する」(*ebd.*, S. 513.

五五七頁）のであり、その結果は、「一方の人口過剰と他方の富の過剰との対立」（*ebd.*, S. 520. 五六四頁）、「窮乏、貧困、犯罪」（*ebd.*, S. 518. 五六三頁）であった。

このように私的所有と競争によって特色付けられる経済に対するエンゲルスの解決策は、ひじょうに明快である。私的所有を前提とする経済社会の必然的結果が競争であり、それが「人類のこれまでの不道徳性の完成」にほかならないとすれば、現在の「社会問題」を解決するためには、私的所有を廃棄する以外に方法はないし、逆に言えば、私的所有を廃棄しさえすればいいのである。「私的所有を一掃するならば、これら生産の諸要素間の不自然な分裂はみななくなるであろう」し、そのうえで、「生産者自身が、消費者はどれだけのものを必要としていたかを知り、生産を組織し、生産を彼らの間に配分するならば、競争の動揺とその恐慌への傾向はありえなくなるであろう」。なぜなら、競争と恐慌は「関与者の無意識に立脚する自然法則にほかならない」からである。「人間として意識的に生産せよ」、そうすれば「道徳的基礎に立脚する交換の可能性」（*ebd.*, S. 515. 五五九頁）が現れるのである。

以上からわかるように、エンゲルスによる最初の「経済学批判」は、「不道徳」な経済社会の現実に対する道徳的批判であり、そのような現実を正当化しようとする「経済学者の偽善」に対する道徳的批判であった。このような道徳性の重視と人間の意識的活動への信頼こそ、彼が同時代の共産主義と共有していたものである。つまり、エンゲルスにとって「経済学批判」とは共産主義的立場の表明にほかならないのである。

一八四四年にマルクスと知り合ってからのエンゲルスは、経済学に関する理論的考察をマルクスに委ねる形で断念したように見える。彼が再び経済学に関わり合うのは、マルクス死後の『資本論』諸草稿の編集者・刊行者としてであり、その解説者としてであった。

三　マルクスの経済学批判

1　商品への問い

マルクスの「経済学批判」は、エンゲルスの「経済学批判」とは異なる。エンゲルスのそれが外在的・道徳的批判であったのに対して、マルクスの「批判」は、むしろ古典経済学の「脱構築」だからである。つまり、古典経済学の論理に内在したうえで、その内部の論理的不整合を発見し、その不整合を説明すると同時に解消する、別の概念、別の見方を提起することによって、経済学を内側から作り替えていく、ということである。

マルクスは、ロンドン定住後の一八五〇年ころから大英博物館（現在の大英図書館）で古典経済学文献を次々に読破しながら膨大な抜き書きノートを作成しはじめ、一八五七―五八年には『経済学批判要綱』、一八六一―六三年には『経済学批判』と題された草稿を書きつづっているが、それらを見れば、彼がスミスやリカードゥをはじめとする膨大な古典経済学の文献に内在しながらそれと格闘している様子がよくわかる。その成果こそ、「経済学批判」という副題をもつ主著『資本論』であった。

『資本論』（一八六七年）は次の文章ではじまる。

「資本制生産様式が支配的に行われている社会の富は、一つの「巨大な商品の集まり」として現れ、一つ一つの商品は、その富の基本形態として現れる。それゆえ、われわれの研究は商品の分析からはじまる」(Marx [1867] S. 17. 四七頁)。

つまり彼は、人間が生きていくのに必要な食料や衣服等が「商品」として売り買いされる社会の在り方そのものを問い直そうとするのであり、そのために、モノが値段の付いた「商品」となるという事態の〝あたりまえ〟さを、改めて疑おうとするのである。

モノの有用性を、マルクスは「使用価値 *Gebrauchswert*」という言葉で表す。使用価値をもつモノが商品になると、それはさらに「交換価値 *Tauschwert*」をもつことになる。しかし、あるモノが「交換価値」をもつと言えるのは、モノとモノとが交換される社会的関係が成立していて、その中で、あるモノが他のモノとの比較において何か「第三のもの」を基準として量的割合を計られているからである。その基準となる「第三のもの」こそ「労働生産物という属性」であり、それをマルクスは「価値 *Wert*」と呼ぶ。つまり、社会的分業に編成された人間の労働こそ「価値を形成する実体」であり、交換価値は「価値の必然的な表現様式または現象形態」なのである。

したがって、「商品とは何か」と問うことは、労働生産物が「価値」という形態をとることの歴史的意味を問うことであり、市場と貨幣の成立根拠を問うことにほかならない。

2　価値形態と貨幣形態

マルクスは『資本論』の「価値形態 *Wertform* または交換価値」と題された一節で、次のように述べている。

「諸商品は、それらの使用価値の雑多な現物形態と著しい対照をなす一つの共通な価値形態――貨幣形態をもっているということだけは、誰でも、ほかのことは何も知っていなくても、よく知っていることである。しかし、今ここでなされなければならないことは、ブルジョア経済学によってはまだ試みられたことさえないこと、すなわち、この貨幣形態の生成を示すことであり、したがって、諸商品の価値関係に含まれている価値表現の発展を、その最も単純な最も目立たない姿から光まばゆい貨幣形態に至るまで追跡することである。これによって同時に貨幣の謎も消え去るのである」(Marx [1872] S. 81. 六五頁)。

スミスのように、市場と交換の成立根拠を超歴史的な「人間本性」としての「交換性向」に求めたり、ヒュームのように、貨幣の成立を「人々の相互の同意」に解消したりすることなく、貨幣と市場の生成過程を論理的に解明すること、これがマルクスの課題であった。

マルクスは「すべての価値形態の秘密がひそんでいる、単純な価値形態」を次の等式で表現する。「二〇エレのリンネル＝一着の上着」。リンネルという布地の価値は、リンネルで表現することはできず、別の商品で表現するほかはない。価値とは、二つの商品の交換可能性にほかならないのだから。ここでは、上着がリンネルの価値を表現する。その結果、上着それ自体が「価値というもの」を内在させているかのような「錯覚」が生まれる。実は、上着の価値もやはり別の商品でしか表現されないのであるが。

この等式が、たんなる偶然的な交換にとどまらず、商品世界が広がると「全体的な、または展開された価値形態」が成立する。すなわち、「二〇エレのリンネル＝一着の上着、または一〇ポンドの紅茶／四〇ポンドのコーヒー／一クォーターの小麦／二オンスの金／半トンの鉄……」。これは無限に続く未完成な価値表現列であるが、これを逆にすれば、「一着の上着／一〇ポンドの紅茶／四〇ポンドのコーヒー……＝二〇エレのリンネル」という「一般的な価値形態」が成立する。ここでは、リンネルが商品世界から排除され、他のすべての商品の価値表現の媒介となることで、はじめて商品世界の価値体系は統一性をもつことになる。つまり、リンネル自体にこそ価値を計る力があり、リンネルのみが他のすべての諸商品との交換可能性を備えているかのような「錯覚」が、全社会的に成立する。

このような「特権的地位」についたものが貨幣である。現実にはリンネルではなく、金銀がその地位を歴史的に獲得した。したがって、先の「一般的な価値形態」の「二〇エレのリンネル」を「二オンスの金」と入れ替えることで、「貨幣形態」は完成する。金銀は、社会的関係によって歴史的に諸商品から排除されたからではなく、まさに生まれながらに価値尺度機能を内在させているからこそ、すべての商品との直接的な交換可能性をもつかのように「錯覚」されるのである。これをマルクスは「フェティシズム（物神崇拝）」と特徴付けている。この「貨幣形態」の完成によって、社会的統一性をもった商品交換世界としての「市場」もまた完成するのである。

3　剰余価値と搾取

マルクスによれば、歴史的には、「商品交換は、共同体の果てるところで、共同体が他の共同体またはその成員と接触する点ではじまる。しかし、モノがひとたび対外的共同生活で商品になれば、それは反作用的に内部的共同生活でも商品になる」。このようにしていったん商品交換が、したがって貨幣と市場が成立すると、「人々はただ互いに商品所持者としてのみ存在する」（Marx [1867] S. 52. 一一三頁）。この市場＝商品交換世界は、表面的に見るかぎり「天賦の人権のほんとうの楽園」（*ebd.*, S. 128. 二三〇頁）である。なぜなら、人々は「商品所持者」という資格において（自分の商品を誰に売ろうと、その金で何を買おうと）自由であり、（生まれや育ちにかかわりなく、同額の貨幣をもつかぎりで購買力は）平等だからである。

市場で売買される商品が、たとえ「労働力 *Arbeitskraft*」という「独特な商品」であっても、市場における「自由と平等」は変わらない。「買い手も売り手もただ彼らの自由な意志によって規定されているだけ」だし、「彼らは、自由な、法的に対等な人として契約する」（*ebd.*）からである。しかし、問題はその後にある。「労働市場」で買われた「労働力」商品は、資本家によって工場で使用され、消費される。この消費は、しかし、労働そのものであり、生産である。そして、市場の背後にある現実の生産の場、すなわち資本制生産様式こそ、実は、商品経済を全社会的に成立させる根拠なのである。なぜなら、この生産様式がはじめて人間の労働能力そのものを「商品」に変え、人間自身を賃金労働者として「市場」に投げ込んだのだからであり、この瞬間からはじめて労働生産物の商品形態が一般化されるからである。

では、なぜ労働力は「商品」となり、何のために資本家は労働力を買い入れるのか。労働力が商品となるのは、封建制の下での農村共同体のような伝統的な社会組織が解体し、自給自足的な生活を営んできた農民たちが土地や道具などの生産手段を失って、自分の労働力を商品として売る以外には生活の道がなくなった、という歴史的発展の結果である。マルクスは、「たくさんの過去の社会的生産構成体の没落の産物」として、自分の労働力を自分の商品として処分できるという自由と、すべての生産手段から解き放たれたという意味での自由という「二重の意味で自由な労働者」(*ebd.*, S. 122. 二二一頁)が出現するのだ、と説明している。

他方、資本家が労働者を雇う(労働力を買い入れる)のは、労働力の価値と、それの消費の結果として創造される価値との差異のためである。労働力の価値は、労働者の「生活維持のために必要な生活手段の価値」であるが、自分自身の価値以上の価値を創造しうるということが、労働力という「独特な商品」の使用価値であり、その商品の消費過程、つまり労働過程は、同時に「価値増殖過程」なのである。

労働力が自分自身の価値を超えて生み出すこの超過分を、マルクスは「剰余価値 *Mehrwert*」と名付ける。それは、労働日(一日の総労働時間)のうち「必要労働時間」を超える「剰余労働時間 *Surplusarbeitszeit*」に形成された価値であり、総生産物のうちの「剰余生産物 *Mehrprodukt*」部分に体現されている。この「剰余価値」こそ、古典経済学の利潤・利子・地代といったカテゴリーを批判的に解析しながら、マルクスが独自に概念化した、経済学批判の中心的概念である。労働者が生み出した「剰余価値」は、労働者から取り上げられて資本家の利潤となる。なぜなら、労働者と資本家は、労働市場において形式上「自由な、法的に対等な人として」そのように契約したからである。

この必要労働に対する剰余労働の割合、言い換えれば、労働者に支払われる部分と支払われずに資本家に領有される部分との割合が「剰余価値率」であり、これが資本家の労働者に対する「搾取 *Ausbeutung*」の度合いを正確に表現している。自由で対等な契約に基づく「専制支配」、等価交換に基づく「搾取」、この二重構造こそが資本制生産様式の歴史的特徴をなすのであり、奴隷制や封建制のような剰余労働・剰余生産物の力ずくでの直接的収奪から、資本制を区別するのである。

4　相対的剰余価値の生産と資本の蓄積過程

資本制生産様式のもう一つの特徴は、それが資本家を促して「労働の生産力の発展」を実現するということにある。個々の資本家の直接の目的は、自分自身の生き残りを賭けた競争の中で、他の資本家を出し抜いて「特別利潤」（自分の工場の生産物の個別的価値と社会的価値との違いから生じる差額としての特別剰余価値）を獲得することにある。そのために、彼は、生産方法の改良や技術革新によって、同じ時間で生産できる生産物の量を増大させるなどして、生産物一個当たりの生産に要する時間（個別的価値）を引き下げようとする。しかし、その意図せざる結果として、彼の工場の生産力上昇がその部門全体の生産力の増大をもたらし、商品の社会的価値そのものを低落させていくのである。

このような社会的な生産力の発展が消費財生産部門に波及すれば、労働者の生活資料を生産するのに要する社会的必要労働時間（賃金として支払われる労働力の価値）も低下し、たとえ一日の総労働時間は変わらないとしても、必要労働時間の短縮の分だけ剰余労働時間を「相対的に」延長することが可能になり、したがってより多くの剰余価値が獲得されるのである（それをマルクスは「相対的剰余価値の生産」と表現している）。こうして、社会的生産力の発展によって、一方では、より安くより豊富な生産物が生み出されていくのであるが、他方では、剰余価値率（＝搾取率）の強化がもたらされることになる。

歴史的には、「協業」「分業とマニュファクチュア」「機械と大工業」という段階的な形態を経て、「工場制度」が資本制生産様式の典型的な姿となる。そこでは、論理的には、改良や技術革新抜きのたんなる労働時間（したがって剰余労働時間）の延長という「絶対的剰余価値の生産」も想定できるし、実際に初期の工場では一日一二時間から一六時間にも及ぶ長時間労働が一般的であった。しかし、労働時間の短縮を求める労働者の運動や工場法の制定による労働時間の強制的制限などによって、「相対的剰余価値の生産」こそが資本家の死活を賭けた競争の前提となり、資本制大工業の発展の原動力となるのである。

この資本制大工業が生み出すのは、しかし、生産力の発展や膨大な生産物だけではない。機械装置に従属する分業といった形での労働の大規模な社会的結合によって、労働者は、もはや自分の腕一本では生きて行けない「資本の付属物」に転化させられる。彼は、自分の労働力を資本家に買ってもらい、工場に働きに出かける以外に、生きるすべをもたない存在になってしまう。労働者の生活様式や生活意識の全体が、資本主義に取り込まれてしまうのである。「こうして資本制生産過程は、再生産過程としては、ただ商品だけではなく、ただ剰余価値だけではなく、資本関係そのものを、一方には資本家、他方には賃金労働者を、生産し再生産するのである」(*ebd.*, S. 468. 七五三頁)。

この再生産過程の中で、剰余価値の一部は資本に繰り込まれて、それで新たな労働力や生産手段が買い入れられ、そこからまた新たに剰余価値が生み出される。こうして「累進的に増大する規模での資本の再生産」が行われることによって、「過去の不払労働の所有が、今では、生きている不払労働をますます大きな規模でいま取得するためのただ一つの条件として現れる」(*ebd.*, S. 472. 七五九頁)。これこそ、マルクスが「資本の蓄積過程 *Akkumulationsprozess*」と呼ぶ過程である。生産力の不断の発展だけでなく、「資本の蓄積」によるこのような不平等と搾取の拡大再生産こそ、資本制生産様式のもう一つの必然的結果なのである。

マルクスはこのように、資本家階級による労働者階級の搾取が構造的に再生産されることは、労働力が「商品」になったことの不可避の結果だと考えた。しかも、彼は、労働力が「商品」になってはじめて、「商品生産」それ自体も一般化され、社会の典型的な生産形態になる、と考えた。つまり、彼によれば、市場によって媒介される商品経済と資本制生産様式とは不可分なのであり、階級的搾取のない市場経済はありえないのである。

5　貨幣と市場を超えるもの

この資本制生産様式を基礎とする市場経済は、永遠に再生産されるのか。そうではない。マルクスは『資本論』第一巻の終わり近くで、「資本制的蓄積の歴史的傾向」を次のように描いている。資本の蓄積過程は、同時に諸資本間の競争であり、諸資本の集中による資本家同士の収奪の過程でもある。独占が進み、大資本家の数が絶えず減っていく。そして最後に「生産手段の集中も労働の社会化も、それがその資本制的な外皮とは調和できなくなる一点に到達する。そこで外皮は爆破される」。つまり、「資本制生産は、一つの自然過程の必然性をもって、それ自身の否定を生み出す」(*ebd.*, S. 609-610. 九九五頁) のである。

では、新しく生み出される生産様式はいったいどのようなものなのか。『資本論』第七篇第二四章では、マルクスはそれを、「協業と、土地および労働そのものによって生産される生産手段の共同占有とを基礎とする、個人的所有の再建」(*ebd.*) と述べている。これは、彼が第一篇第一章で、一つの論理的な仮定として想定している、「共同的生産手段でもって労働し、そして彼らの多数の個人的労働力を自分で意識して一つの社会的労働力として支出する、自由な人間の連合体 *Verein*」(*ebd.*, S. 45. 一〇五頁) と対応していると見ていいだろう。

そこでは、販売予測でも利潤獲得見込みでもなく、「労働時間の社会的に計画された配分」が生産を規制するのであり、生産物の一部分は、投機的投資としてではなく、「社会的計画」に従って、再び生産手段に充用される。生活手段の分配は、直接に「各自の労働時間によって規定される」。つまり、労働時間が「共同労働への生産者の個人的参加の尺度として役立ち、したがってまた共同生産物の中の個人的に消費されうる部分における生産者の個人的な分け前の尺度として役立つ」(*ebd.*, S. 46. 一〇五頁)のである。労働実績に応じて生活手段の分け前が保障されるのであり、貨幣や市場という間接的な媒介は不要になる。そうなれば、労働力の商品化も、フェティシズムや階級的搾取も廃棄され、消滅するはずである。

このような「社会的に計画された」経済が、貨幣と市場を超えたマルクスの未来構想であった。ただし、注意しなければならないが、彼は、後にソヴィエト連邦をはじめとするいわゆる「社会主義諸国」が実際に試みたような、国家権力による上からの中央集権的な計画経済を考えていたわけではない。しかし、それではいったいどのようにすれば「多数の個人的労働力を自分で意識して一つの社会的労働力として支出する」ような「社会的に計画された配分」を具体的に実現することができる、とマルクスは考えていたのか。

『資本論』では「連合体 *Verein*」というドイツ語で表現されている共同組織のことを、マルクスは初期から一貫して「アソシアシオン *Association*」というフランス語(外来語)で書き記してきた。マルクスにおけるこの概念の形成と変化の過程については次章第四節で改めて詳しく説明することにして、ここでは結論だけを確認しておくことにしよう。

マルクスが構想したのは、あくまでも社会全体が一つの「自由な人間の連合体(=アソシアシオン)」になることであり、重点は、「自由な人間」が自発的に「意識的で計画的な」共同組織を形成することにあった。それが可能になるためには、まず個々の生産単位において労働者が自発的に資本主義的企業を自主管理的な協同組合企業に変革し、諸協同組合がさらに全国的な連合体を結成し、それが協議を通して全国的な共同的計画を作成し、それに応じて全国の生産を調整しなければならない。これが、マルクスの描いた、貨幣と市場を超える経済社会の仕組みであった。ただし、そのような社会変革が可能になるためには、階級としての労働者が国家権力を把握し、自発的な変革過程を保障できる、ということが前提となることは言うまでもないだろう。

四　影響と残された問題

一八六七年の『資本論』第一巻（第一部「資本の生産過程」）出版以後、マルクスのライフワークとなったのは、第二部「資本の流通過程」、第三部「総過程の姿態」、第四部「理論の歴史のために」を完成させることであり、同時に『資本論』第一部を改訂することであった。『資本論』第一部は、その後一八七二年に改訂第二版、一八七二―七五年に著者校閲フランス語版が刊行され、とりわけ蓄積に関する篇で重要な変更がなされた。

しかし、第二部以降の完成を見ることなく、一八八三年三月にマルクスは世を去った。残された膨大な草稿の処理は、エンゲルスに委ねられることになる。彼は草稿の整理・解読・編集に専念し、『資本論』第二巻（第二部）を一八八五年に、第三巻（第三部）を一八九四年に出版した。第一巻も、一八八三年にフランス語版の改訂を部分的に取り入れた改訂第三版が、一八九〇年には第四版が刊行され、後者が、その後の普及版の底本になった。

『資本論』第三巻の刊行は、マルクスの価値論をめぐる論争を引き起こすことになった。第三巻でマルクスは、個々の資本の有機的構成（投下資本に占める機械設備等の割合）や回転期間（生産と流通のサイクル）が違うことから、商品は価値通りに交換されるのではなく、費用価格に平均利潤を加えた「生産価格」で交換される、と説明したからである。社会的に見れば諸商品の価値の総計と価格の総計とは等しいが、個別の交換においては、その基準となるのは商品の価値ではなく、価格だということになる。

ここから、オーストリアの経済学者ベーム＝バヴェルク（Eugen von Böhm-Bawerk, 1851–1914）が「第一巻と第三巻との矛盾」を指摘し、それに対して、オーストリアのマルクス主義者ヒルファディング（Rudolf Hilferding, 1877–1941）は、単純商品生産社会では価値法則が支配的であるが、資本主義社会では生産価格が交換の基準となる、という歴史的転化説によってマルクスを擁護した。これは、エンゲルスが『資本論』第三巻の刊行の際に付け加えた「補遺」における価値法則の説明を追認するものである。これ以後、半世紀以上にわたって、第一巻と第三巻との整合性、価値と生産価格との関係をめぐる、いわゆる「転形論争」が行われたが、明確な決着がついたとは言いがたい。

「第一巻と第三巻との矛盾」の理解に関しては、もう一つの重要な問題がある。それは、エンゲルスがマルクスの遺稿の管理者、編集・刊行者となることによって、同時にマルクスの特権的な注釈者・解説者となった、ということである。たとえば『資本論』第三巻の「補遺」では、価値法則は、資本主義社会に歴史的に先行する「単純商品生産の全時代にわたって」妥当する法則として説明されており、それがヒルファディングに影響を与えたことを見た。しかし、このような価値法則理解は、資本制生産の「内的法則」というマルクスの認識とは明らかに異なっている。つまり、マルクスとエンゲルスには、資本主義認識に関しても説明の仕方に関しても、見過ごすことのできない差異があるのである。

そのエンゲルスが、『資本論』第二巻・第三巻の刊行に際して、マルクスの草稿を自分の判断で取捨選択して配列し直しただけでなく、マルクスの原文に手を加えて書き直しており、しかも用語や文体の変更だけでなく、内容を改変している場合さえあることが、明らかになっている。つまり、『資本論』第二巻・第三巻の現行版は、マルクスの思考と論理を正確に伝えているとは言えないのである。現在では、エンゲルス編集版の問題性が具体的に指摘されるとともに、マルクスの草稿に即した研究が進められつつある（大村［1998a］）。

同じことは、マルクス思想の他の側面についても言うことができる。マルクスの社会変革構想の中心に、労働者による「アソシアシオン」の自発的形成という理念が位置することはすでに説明したが、エンゲルスは、初期から一貫して「競争の無政府性」に取って代わる中央集権的な管理による「生産の意識的組織」を主張してきた（植村［2001］第三章）。そこから彼は、たとえば一八七八年の『反デューリング論』では、生産手段の「国家的所有への転化」による生産の計画化という「社会主義」像を示唆している。このようなマルクスとエンゲルスとの差異が明確に認識されることなく、エンゲルスによる独占的解釈を通して「マルクス思想」が体系化され、普及することによって、「マルクス主義」は成立するのである。

第九章　自由時間とアソシアシオンの経済思想

はじめに

アダム・スミスが古典的な経済学の創設者であることは、改めて言うまでもないだろう。そのスミスが「自然的自由」を原理とする経済学を確立したのに対して、スミス自身の中に、分業と商品交換を通して「豊かさ」と「公正」が実現する社会という表象と、それとは矛盾する資本・賃労働関係の不平等性についての認識がともに存在することを指摘し、それによって資本主義社会の存立構造そのものが矛盾を抱え込んでいることを明らかにしようとしたのが、マルクスであった。彼は自分のライフワークを「経済学批判」と名付けたが、彼の言う「批判」とは、経済学の論理に内在したうえで、その内部の論理的不整合を発見し、その不整合を説明すると同時に解消する別の概念や見方を提起することによって、経済学を内側から作り替えていくことである。この作業を通して、分業と商品交換に基づく「豊かさ」の実現という経済社会認識の一面性が批判され、「自由・平等・公正」がいまだ理念にすぎないことが批判されることになる。

マルクスは一九世紀の典型的な亡命知識人である。すでに見たように、彼はドイツに生まれ育ったジャーナリストだったが、自分が編集する新聞が発行禁止処分を受けたため、一八四三年にパリに移り、一八四五年からはブリュッセル、一八四九年以後はロンドンが生活と活動の場となった。そして当時の資本主義世界経済の中心であるロンドンを終生の亡命の地として暮らしたことは、彼の理論形成にとって大きな意味をもつことになる。アジア・アフリカ諸国を植民地化し開国させながら進んでゆく「資本の偉大な文明化作用」(Marx [1857-58] S. 322) の強靭さを冷静に見つめることが、それによって可能になったからである。このロンドンでのジャーナリストとしての生活と、それと並行する大英博物館での経済学研究の作業の中から生まれたのが、『資本論』であった。

一　「自由」のドイツ的概念

ここではまず、マルクスにおける「自由」の概念を確認しておくことにしよう。彼が生まれ育った一九世紀前半のドイツでは、自由主義は最新の輸入思想であり、政治的体制変革の理念であると同時に、経済政策の理念でもあった。この思想の輸入元は主としてイギリスであり、輸入窓口は、ドイツにおけるイギリスとの文化的交流の中心だったハノーファー王国のゲッティンゲン大学である。輸入品の中心は、スミス経済学とスコットランド啓蒙であった。

しかしマルクスは、すでに二五歳のときに、イギリス的な市民的自由の原理が「私的」な、つまり他者を排除する自己中心的なものであることを、次のように批判している。

「自由とは、他の誰にも害にならないことはすべて、行ったり行わせたりできる権利である。……しかし、自由という人権は、人間と人間との結合に基づくものではなく、むしろ人間と人間との分離に基づいている。それは、このような分離の権利であり、局限された個人の権利、自己に局限された個人の権利である。／自由という人権の実際上の適用は、私的所有という人権である」(Marx [1844a] S. 157-158. 四三—四四頁)。

マルクスの念頭にあるのは、言うまでもなく、ホッブズ(Thomas Hobbes, 1588-1679)以来の「自然的権利としての自由」であるが、それが「私的所有」と同一視されていることからすれば、彼が直接に批判対象としているのは、ロック(John Locke, 1632-1704)の思想だと言った方がいい。ホッブズは、各個人が自分の生命を維持するために自分が最適だと考える手段を行使する「自由」を「自然の権利」だとみなした(『リヴァイアサン』一六五一年)。ロックも同様に人間の「自然の権利」を出発点とするが、ホッブズとは異なって、ロックの自然権には最初から所有権、つまり自分の所有物に対する処分権が含まれている。「自然状態」は、自分の思うままに自分の所有物と身体を処分することができる「完全な自由の状態」なのである（『統治二論』一六八九年）。

このように「自由という人権」を「私的所有という人権」に還元するイギリス的市民社会の思想を批判しながらも、マルクスは「自由」という原理そのものを否定しているわけではない。これから詳しく見ていくように、どのようにしたら自由が「人間と人間との結合に基づくもの」として実現できるのか、ということが、その後のマルクスの思想的テーマとなるからである。

それでは、そもそもマルクスにとって「自由」とは、原理的にはどのようなものとして理解されているのか。一言でいえば、それは、人間が他人に従属することなく、自分自身で目的を設定してそれを実現することができる、ということにある。つまり、「意識的活動の自由」であり「精神の自由」である。そして、彼によれば、それこそが人間という種の独自性をなすものなのである。

たとえば、マルクスは一八四四年の『経済学・哲学草稿』で、次のように類的本質としての自由について述べている。

「生産的生活は類的生活である。それは生活をつくりだす生活である。生命活動の様式のうちには、一種属の全性格が、その類的性格が横たわっている。そして自由な意識的活動が、人間の類的性格である」（Marx［1844b］S. 240. 九五頁）。

だからこそ、現実の社会の中で、そのような意味での活動＝労働における自己決定という自由が実現できないでいることは、「疎外」として、「自分自身の喪失」として批判的にとらえられることになる。

「労働者にとっての労働の外在性は、労働が彼自身のものではなくて他人のものであること、それが彼に属していないこと、彼が労働において自己自身にではなく他人に従属するということに現れる。……労働者の活動は他人に属しており、それは労働者自身の喪失なのである」(*ebd.*, S. 238-239. 九二頁)。

このように、自由をすぐれて人間の本質としての「意識的活動の自由」と理解する点で、マルクスの自由概念は、ヘーゲルのそれとほぼ等しい。ヘーゲルは自由をこう定義しているからである。

「物質の実体が重さであるとすれば、精神の実体ないし本質は自由であると言わねばなりません。……精神とは内部に中心点をもつもののことです。精神の統一は外部にあるのではなく、内部に見いだされるので、精神は自分の内部で安定しています。物質の実体は物質の外部にあるが、精神は自分のもとで安定している。それこそがまさに自由です。わたしが何かに従属しているというとき、わたしは、自分でない何かと関係し、外部の何かなしには存在できない状態にあるのであって、自由であるのは、自分のもとにあるときです」(Hegel [1837] S. 30. 上・三八―三九頁)。

このような自由観に基づいて、ヘーゲルは、「世界史とは自由の意識が前進していく過程である」(*ebd.*, S. 32. 上・四一頁) と想定している。つまり、彼にとっては、「なにものにも従属しない」自由こそが人間の本質であるのだが、同時にそれはいまだに十分自覚されていない本質なのであって、これから実現されるべきものなのである。言い換えれば、自由とは一つの理念なのである。このような自由という原理の概念的認識に関するかぎりでは、マルクスは、ひとまずはドイツ古典哲学の正統的後継者であると言うことができる。

二　「個人の全面的発展」と「自由な時間」

人間が他人に従属することなく、自分で目的を設定してそれを実現することができる、ということは、個々の人間の生活過程に即して言えば、誰でもが自分のもつさまざまな素質を伸ばして、自分の可能性を発展させ、自分を豊かにすることができる、ということである。したがって、マルクスにとっては、自由とは人間の自己形成の自由であり、「諸個人の完全な、自由な発展」(Marx [1845-46] S. 118. 一二六頁)にほかならない。

そして、先に見たように「生産的生活」こそが人間の「類的生活」であるとするならば、諸個人のもつさまざまな素質とは、すぐれて「諸個人のもろもろの属性として現れる主体的な生産諸力」にほかならないのであり、それが発展するというのは、「生産者たちが、自分のなかから新たなる資質を開発し、生産することによって自分自身を発達させ、改造し、新たな諸力と新たな諸観念を造りだし、新たな交通諸様式、新たな諸欲求、新たな言語を生み出していく」(Marx [1857-58] S. 398-399)ことにほかならない。

この生産諸力の発展は、それ自体としては主体の質的=内面的な変化として現れるのだが、その量的な程度は「自由に使える時間の創出」(*ebd.*, S. 305)において測られる。この「自由な時間」は、生産諸力の発展の結果であると同時に、生産諸力のさらなる発展、さらなる自己形成＝教養を促進する物質的基礎でもある。「全社会とのかかわりでいえば、自由に使える時間の創出は、やがてまた科学、芸術などの生産のための時間の創出ともなる」(*ebd.*, S. 308) からである。こうして、生産諸力の発展が自由な時間を増大させ、自由な時間の増大がまた生産諸力の発展を加速する、というサイクルが想定されることになる。そのことを、マルクスは次のように表現している。

「労働時間の節約は、自由な時間の増大、つまり個人の完全な発展のための時間の増大に等しく、またこの発展はそれ自身がこれまた最大の生産力として、労働の生産力に反作用を及ぼす。……余暇時間でもあれば高度な活動のための時間でもある、自由な時間は、もちろんそれの持ち手をこれまでとは違った主体に転化してしまうのであって、それからは、彼は直接的生産過程にも、このような新たな主体として入っていくのである」(*ebd.*, S. 589)。

生産諸力の発展とは、別の面から見れば、多様な欲求の発展であり、したがってまた享受の能力の発展でもある。生産は歴史的に前提された一定の欲求に基づいて行われるのだが、社会的な諸欲求それ自体が社会的生産そのものによって生みだされるのだから、「富とは、素材的に考察するならば、欲求の多様性にほかならない」(*ebd.*, S. 427)。生産力と享受の能力は、実質的に同じことの両面なのである。

「真実の経済——節約——は労働時間の節約……にある。だが、この節約は生産力の発展と一致している。だからそれは、享受を断念することではけっしてなく、生産のための力、能力を発展させること、だからまた享受の能力をもその手段をも発展させることである。享受の能力は享受のための条件、したがって享受の第一の条件であり、またこの能力は個人の素質の発展であり、生産力である」(*ebd.*, S. 589)。

したがって、以上のことをふまえて言えば、マルクスにとって自由の実現とは、次のような事態にほかならない。

「人間自身の一般的生産力の取得、自然に対する彼の理解、そして社会体としての彼の定在を通じての自然の支配、一言でいえば社会的個人の発展。……諸個人の自由な発展、だからまた、剰余労働を生み出すために必要労働時間を縮減することではなくて、そもそも社会の必要労働を最小限へと縮減すること。その場合、この縮減には、すべての個人のために自由になった時間と創造された手段とによる、諸個人の芸術的、科学的、等々の発展開花が対応する」(*ebd.*, S. 581-582)。

自由とは、「自由な時間」の持ち手となることであり、その中で科学や芸術などの「高度な活動」の主体となることであり、そして自分自身の可能性を「発展開花」させることである。これが、マルクスにおける主体的自由の理念であった。しかし、それでは、このような自由はどのようにして実現されるのであろうか。

すでに見たように、ヘーゲルやマルクスにとっては、他人に従属しないことが自由の必要条件であった。しかしながら、歴史的に実在した社会はすべて階級社会(奴隷制、封建制、資本主義など)であり、そこでは「人格的自由は、支配階級の諸関係のうちで育成された諸個人にとってしか、それも彼らが支配階級の諸個人であるかぎりでしか、実存しなかった」(Marx [1845-46] S. 120. 一二六頁)。たとえば、こころゆくまで哲学を探究し、あるいは音楽に親しむのに必要な「自由時間」も、創造的な活動を自分の思い通りに行う自由も、これまでの階級社会においては、自らは額に汗することなしに他人の生産労働の成果を享受することができる支配階級(奴隷所有者、封建領主、資本家など)だけに保障されたものだった、ということである。それに対して、日々の生活に追われる被支配階級の圧倒的多数の人間にとっては、日々の生産労働は、自分の個性を発展させる「自由な意識的活動」であるどころか、自分が従属している他人(奴隷所有者、封建領主、資本家など)によって強制された他人のための活動だという意味で、「疎外」であり「自分自身の喪失」でしかなかった。

それだけではない。そもそも人間が社会的存在であるということは、人間は他人との相互依存関係の中で生きてきたし、そうするほかはない、ということである。だから、そもそも階級的支配従属関係を別としても、家族や水平的分業関係の内部においてでさえ、各個人の発展はいつでも自分が直接・間接にかかわりをもっている他のすべての個人の発展によって制約されているのである。

とするならば、自由を実現するということは、自由の実現を可能にする社会秩序を構想し、実現するということにほかならない。実際に一八三〇—四〇年代のフランスやドイツの社会主義者や共産主義者は、現実の資本主義社会を批判しつつ、それに取って代わる社会秩序をさまざまな形で構想していた。しかしながら、ほぼ同時代の彼らの思想とマルクスの思想との決定的な違いは、資本主義の歴史的位置付けにある。マルクスにとって資本主義は、労働者階級の自由を横領し阻害すると同時に、より大きな自由の実現の物質的基礎を準備するという、矛盾に満ちた過渡的存在だったからである。

マルクスは、「自由な時間」の創出に関する資本主義の役割を次のように述べている。

「剰余労働すなわち自由に使える時間をつくりだすことが、資本の法則である。資本は、必要労働を働かせることによってだけ、すなわち労働者との交換を行うことによってだけ、このことをすることができるのである。したがって、できるだけ多くの労働をつくりだすことが資本の傾向であり、また必要労働を最小限に切り詰めることも、同じく資本の傾向である」(Marx [1857-58] S. 306)。

それでは、このような「資本の法則／資本の傾向」が作用する資本主義社会とは、どのような仕組みの経済社会なのか、確認しておこう。

三　資本主義による「文明の横領」

『資本論』は、現在の社会が分業と商品交換に基づく社会であることを確認することからはじまっている。長い歴史的過程を通していったん商品交換が、したがって貨幣と市場が成立すると、「人々はただ互いに商品の代表者としてのみ、したがって商品所持者としてのみ存在する」(Marx [1867] S. 52. 一一三頁)。この商品交換の世界は、表面的に見るかぎり、スミスが描いたような「自由・平等・

公正」の社会である。前章第三節で述べたように、人々は「商品所持者」という資格において自由であり、平等なのだから。

マルクスの経済学批判の核心は、まさにそのような市民社会の表象を問い直すことにある。中心的問題は、人間の「労働力」が商品として売買されることの意味にある。一見すると、たしかにこの場合でも、市場における「自由と平等」は変わらない。

「労働力の売買が、その限界の中で行われる流通または商品交換の部面は、実際、天賦の人権のほんとうの楽園だった。ここで支配しているのは、ただ自由、平等、所有、そしてベンサムである。自由！　なぜなら、ある一つの商品たとえば労働力の買い手も売り手も、ただ彼らの自由な意志によって規定されているだけだから。彼らは、自由な、法的に対等な人として契約する。……平等！　なぜなら、彼らはただ商品所持者として互いに関係しあい、等価物と等価物とを交換するのだから。所有！　なぜなら、どちらもただ自分のものを処分するだけだから。ベンサム！　なぜなら、両者のどちらにとっても、かかわるところはただ自分のことだけだから」(*ebd.*, S. 128. 一三〇頁)。

しかし、これも前章第三節で詳しく見たように、資本主義的生産様式の特徴は次のことにある。第一に、労働者は労働力の売買契約によって「必要労働時間」を超えて働くこと(「剰余労働時間」)を指示されるのだが、その結果として生み出される「剰余価値」は資本家によって「利潤」として取得されるのであり、「利潤」の獲得こそが資本主義的生産様式の目的となる。第二に、個々の資本家は、他の資本家との競争の中で「特別利潤」を確保するために、自分の企業における「労働の生産力」を発展させることで生産物の個別的価値を引き下げようとするのだが、その意図せざる結果として、社会的に見れば「必要労働時間」部分が短縮され、「剰余労働時間」部分が相対的に延長されて、「相対的剰余価値」が生産されることになる。

つまり、資本主義的生産様式はたえず必要労働時間を引き下げ、その結果として、可能態としての「自由な時間」を創出している、ということである。もちろんこの「自由な時間」は、労働者にとってみれば、剰余労働を強制される時間にほかならないのであって、その分はそのまま、資本家その他の非労働者にとっての「自由な時間」に転化されている。搾取とは、社会的に創出された「自由な時間」を支配階級が独占的に享受する(他方で、被支配階級には長時間労働を強制する)、という時間の不公正な分配のことなのである。それをマルクスは、「文明の横領」と表現している。

「自由な時間とは、すべて、自由な発展のための時間であるから、資本家は、労働者によって創りだされた、社会のための自由な時間、すなわち文明を、横領するのである」(Marx [1857–58] S. 519.)。

しかし、横領されているということは、すべての人の自由時間となりうるだけのものがすでに現に生み出されているということである。言い換えれば、資本主義がもたらしているのはたしかに労働者階級の「疎外」なのだが、それは途方もない「疎外」なのであって、しかも反転しさえすれば、途方もない豊かさをすべての人にもたらしうるような、そのような「疎外」なのである。したがって、問題は、この「まだ転倒した逆立ちさせられた形態」をどのようにしたら反転させることができるのか、ということにある。

「社会一般と社会のすべての構成員とにとっての必要労働時間以外の多くの自由に処分できる時間 *disposable time*（すなわち個々人の生産諸力を、それゆえにまた社会の生産諸力を十分に発展させるための余地）の創造、――こうした、非労働時間の創造は、資本の立場のうえでは、少数者にとっての非労働時間、自由時間として現れるのであって、それは以前のすべての段階の立場のうえでもそうであったのと同様である。……資本はこのように、図らずも、社会の自由に処分できる時間という手段を創造することに、すなわち、社会全体のための労働時間を、減少していく最小限に縮減し、こうして万人の時間を彼ら自身の発展のために解放するための手段を創造することに役立つのである。だが、資本の傾向はつねに、一方では、自由に処分できる時間を創造することであるが、他方では、それを剰余労働に転化することである。……労働者大衆自身が自分たちの剰余労働を取得するということをやりとげたならば、――そしてそれとともに、自由に処分できる時間が対立的な存在をもつことをやめるならば――、一方では、必要労働時間が社会的個人の諸欲求をその尺度とすることになるであろうし、他方では、社会的生産力の発展がきわめて急速に増大し、その結果として、生産はいまや万人の富を考量したものであるにもかかわらず、万人の自由に処分できる時間が増大するであろう。というのも、現実の富とはすべての個人の発展した生産力だからである。そうなれば、富の尺度は、もはや労働時間ではけっしてなくて、自由に処分できる時間である」(*ebd.*, S. 583-584)。

しかし、それでは、「労働者大衆自身が自分たちの剰余労働を取得するということをやりとげ、それとともに、自由に処分できる時間が対立的な存在をもつことをやめる」というのは、どういう状態なのだろうか。その場合、どのような社会秩序をマルクスは想定しているのだろうか。

四　アソシアシオン的生産様式

『資本論』第一巻の終わり近くで、マルクスは「資本主義的蓄積の歴史的傾向」を次のように描いている。資本の蓄積過程は、同時に諸資本間の競争であり、諸資本の集中による資本家同士の収奪の過程でもある。独占が進み、大資本家の数が絶えず減っていく。そして最後に「生産手段の集中も労働の社会化も、それがその資本主義的な外皮とは調和できなくなる一点に到達する。そこで外皮は爆破される」。つまり、資本主義は必然的に自己否定にいきつくのである。

「資本主義的生産様式から生まれる資本主義的取得様式は、したがってまた資本主義的私的所有も、自分の労働に基づく個人的な私的所有の第一の否定である。しかし、資本主義的生産は、一つの自然過程の必然性をもって、それ自身の否定を生み出す。それは否定の否定である。それは個人的所有を再建するが、資本主義時代の成果を基礎として、である。すなわち、自由な労働者の協業と、土地の共有と、労働そのものによって生産される生産手段の共有とを基礎として、個人的所有を再建するのである」（Marx［1867］S. 609-610. 九九五頁）。

では、この「否定の否定」によって新しく生み出される生産様式はいったいどのようなものなのか。ここで重要なのが、「アソシアシオン *Association*」という概念である。マルクスは早い時期から、「真実の共同社会においては、諸個人は彼らのアソシアシオンにおいて、かつアソシアシオンによって、同時に彼らの自由を手に入れる」（Marx［1845-46］S. 120. 一二六頁）と述べているし、『共産党宣言』でも、「古い市民社会およびその諸階級と階級対立の代わりに、一つのアソシアシオンが現れるのであり、そこにおいては、各人の自由な発展が、すべての者の自由な発展の条件なのである」（Marx［1848］S. 482. 六四頁）と宣言しているからである。マルクスにとっては、「アソシアシオン」こそ、資本主義に取って代わって「個人の全面的で自由な発展」を実現するはずの来るべき生産様式なのである。

この言葉は元来、一八三〇年代にフランスの社会主義者（サン・シモン主義者）によって広められたものであり、「利己主義・個人的利害・競争の原理」に取って代わって人間の「統一と調和」を実現する組織形態を意味する。「アソシアシオン」は社会主義の中心的理念という位置を占めるものであり、生産という場における自由で対等な諸個人の自発的な「社会形成」を表現する言葉であった（植村［2001］第三章）。

一八六三―六五年の『資本論』第三部草稿になると、マルクスは、「社会の資本主義的形態が廃棄され、社会が意識的で計画的なアソシアシオンとして組織される」過程について、もっと具体的に述べているが、その第一歩は、個々の資本主義的株式会社から「労働者自身の協同組合工場」への転化であった。「たとえはじめはただ、アソシアシオンとしての労働者たちが自分たち自身の資本家であり、すなわち生産手段を自分たち自身の労働の価値増殖のための手段として用いる、という形態においてでしかないとはいえ」、協同組合工場は「資本主義的生産様式からアソシアシオン的生産様式への過渡形態とみなしていい」(Marx [1863-65] S. 502-504) のである。

『資本論』には「アソシアシオン」という外来語は出てこないが、第一章で論じられている、「共同的生産手段でもって労働し、そして彼らの多数の個人的労働力を自分で意識して一つの社会的労働力として支出する、自由な人間の協同組織 *Verein*」がそれに対応していると見ていいだろう。そのような「協同組織」の仕組みについて、マルクスは次のように説明している。

「この協同組織の総生産物は、一つの社会的生産物である。この生産物の一部は再び生産手段として役立つ。それは相変わらず社会的である。しかし、もう一つの部分は協同組織の成員によって生活手段として消費される。したがって、それは彼らの間に分配されなければならない。……ここでは、各生産者の手に入る生活手段の分け前は各自の労働時間によって規定されているものと前提しよう。そうすれば、労働時間は二重の役割を演じることになるであろう。労働時間の社会的に計画的な配分は、いろいろな欲望に対するいろいろな労働機能の正しい割合を規制する。他面では、労働時間は、同時に、共同労働への生産者の個人的参加の尺度として役立ち、したがってまた共同生産物中の個人的に消費されうる部分における個人的な分け前の尺度として役立つ。

人々が彼らの労働や労働生産物に対してもつ社会的関係は、ここでは生産においても分配においてもやはり透明で単純である」(Marx [1867] S. 45-46. 一〇五頁)。

そこでは、販売予測でも利潤獲得見込みでもなく、「労働時間の社会的に計画された配分」が生産を規制するのであり、生産物の一部分は、投機的投資としてではなく、社会的計画に従って、再び生産手段に充用される。生活手段の分配は、直接に各自の労働時間によって規定される。つまり、労働実績に応じて生活手段の分け前が保障されるのであり、貨幣や市場という間接的な媒介は不要になる。そうなれば、労働力の商品化も階級的搾取も廃棄され、消滅するはずである。

さらにマルクスは、一八七一年の『フランスの内乱』の中では、「諸協同組合の連合体が一つの共同的計画に基づいて全国の生産を調整し、こうしてそれを自分の統制の下におき、資本主義的生産の宿命である不断の無政府状態と周期的痙攣とを終わらせるべき」(Marx [1871] S. 142-143. 三一九—三二〇頁)ことを示唆している。つまり、社会が「一つの意識的で計画的なアソシアシオン」になるためには、まず労働者が自発的に資本主義的企業を自主管理的な協同組合企業に変革し、諸協同組合がさらに全国的な連合体を結成し、それが協議を通して全国的な共同的計画を作成し、それに応じて全国の生産を調整しなければならない。これが、マルクスの描いた、資本主義を超える経済社会の仕組みであった。

そして、このアソシアシオン的生産様式が歴史的にさらに発展した結果として、はじめて想定されるのが「共産主義社会」である。

「共産主義社会のより高度の段階で、すなわち諸個人が分業に奴隷的に従属することがなくなり、それとともに精神労働と肉体労働との対立がなくなったのち、労働がたんに生活のための手段であるだけでなく、労働そのものが第一の生命欲求となったのち、諸個人の全面的な発展にともなって、またその生産諸力も増大し、協同組合的富のあらゆる泉がいっそう豊かに湧き出るようになったのち、そのときはじめて市民的権利の狭い視界を完全に踏み越えることができ、社会はその旗にこう書くことができる。各人はその能力に応じて、各人にはその必要に応じて！」（Marx [1875] S. 15. 二二頁）

これが、マルクスにとって、自由を実現する社会の究極の姿であった。ただし、そもそもアソシアシオンにしても共産主義にしても、全社会的な合意形成と計画作成、生産調整の実施、労働時間に応じた分配の実施など、その具体的方法に関して論議されるべき点はあまりにも多い。これはあくまでも、資本主義の現状を批判的に認識するための仮説的理念であり、いわば一種の「ユートピア」的理念であると理解すべきであろう。

五　世界システムとしての資本主義

最後に、マルクスの国際関係認識がどのようなものだったのかを確認しておくことにしよう。彼は、初期から晩年まで一貫して、資本主義を世界システムとしてとらえており、たとえば、自由貿易か保護貿易かという問題は、彼にとっての問題ではなかった。

『共産党宣言』は、すでに同時代の資本主義的世界システムを、こう描いている。

「ブルジョアジーは、世界市場の開発によって、すべての国の生産と消費を世界市民的なものとした。反動家たちにとってたいへん嘆かわしいことに、ブルジョアジーは、産業の国民的な地盤をその足もとから取り去った。……古い地方的および国民的な自足性と閉鎖性に代わって、諸国民相互の全面的な交通と全面的な依存関係が現れる。……〔他方では〕ブルジョアジーは、しだいに、生産手段・所有・住民の分散を廃止する。彼らは、住民を集積させ、生産手段を集中させ、財産を少数の手に凝集させた。その必然的な結果は、政治的な中央集権であった。さまざまな利害・法律・政府・関税をもった、独立していてわずかに連合したにすぎない諸地方が、ひとつの国民、ひとつの政府、ひとつの法律、ひとつの国民的階級利害、ひとつの関税国境線の中に押し込められた」(Marx [1848] S. 466-467. 一五一一九頁)。

ブルジョアジーが、一方で、世界市場を通して生産と消費を世界的規模のものにし、経済的な意味での「国民的な自足性」を廃棄しながらも、他方では、むしろ逆に政治的単位としての「ひとつの国民」を形成するのは、国内の封建的旧勢力や外国のブルジョアジーに対する闘争においてプロレタリアートを自らの側に動員するためである。

しかしながら、いったん既存の国民国家の枠内で「プロレタリアートの支配」が実現し、資本主義的生産様式が廃棄されれば、すでに世界市場の中で進行しつつある「諸民族の国民的な分離と対立」

の消滅はいっそう加速されるし、「国民の内部での階級対立の消滅とともに、諸国民の敵対的な態度も消滅する」（*ebd.*, S. 479. 五七頁）とマルクスは考えていた。資本主義が世界システムである以上、労働者の階級的利害も世界的に普遍的だからである。だからこそ彼は、「労働者は祖国をもたない」（*ebd.*, S. 479. 五六頁）、「全世界のプロレタリア、団結せよ」（*ebd.*, S. 493. 九七頁）と断言することができたのである。

このようなグローバルな視点こそ、マルクスの独自性をなすと言ってもいいだろう。

「資本は一方では、交通すなわち交換のあらゆる場所的制限を取り払って、地球全体を自己の市場として獲得しようと努めないではいられず、他方では、時間によって空間を絶滅しようと、すなわちある場所から他の場所への移動に要する時間を最小限に引き下げようと努める。……資本は、それ自体はその本性からして局限されたものではあるが、生産諸力の普遍的な発展に努めるのであり、こうして新しい生産様式の前提となる。……この〔資本の普遍的〕傾向は、資本をそれに先行するいっさいの生産様式から区別すると同時に、資本はたんなる通過点として措定されているのだ、ということをうちに含んでいるのである」（Marx〔1857-58〕S. 438）。

場所と時間の制約を取り払って世界的＝地球的規模で展開する資本主義を必然的な通過点とし、それを前提として成立するグローバルな新しい生産様式。マルクスの言う「個人の全面的で自由な発展」が実現可能となるのは、そこにおいてである。

Ⅳ

二一世紀のマルクス論

1875年のマルクス

第十章　二〇世紀のマルクス論

これまで私は、マルクスをどう読むかという問題に即して、私たちが読み直すべきマルクスは一九世紀のマルクスでなければならないと論じてきた。二〇世紀のマルクスは、いわば神話化されたマルクスだったからである。

マルクスの死後、エンゲルスがマルクスを「唯物論的歴史観」を定式化した「天才的」な思想家、「歴史の運動の大法則をはじめて発見した人」として祭り上げ、同時に自らをマルクスの最も忠実な理解者にして権威ある解説者の地位に据えたために、ちょうど使徒パウロによって普遍教会が成立したように、「マルクス主義」もまたエンゲルスを教皇とする一種の普遍教会として成立した。その結果、ドイツやロシアに形成された「マルクス主義者」の運動体の内部では、現状認識や政治的路線選択をめぐる対立が「正統」と「異端」という宗教的言葉で語られるような事態が生じた。そして一九一七年のロシア革命が「成功」した後には、ロシアのマルクス主義者を「正統的権威」とする「教義の体系」としてのマルクスの読み方が成立する。冷戦体制の下では、マルクスの思想的な「正しさ」が、社会主義政権の政治的な「正しさ」を保証するものだったのである。

二〇世紀に書かれたマルクス論は、少なくともマルクスの思想を内在的に理解しようとするものであるかぎり、ほとんどがマルクス主義者によるものだった。しかし、マルクス主義者であるということは、マルクスが発見した「歴史の発展法則」に依拠した世界史的な「正しさ」を思想的に共有することであり、同時に一つの「政治的な正しさ」に加担することを意味した。そうだとすれば、マルクスを歴史的に客観的に論じること、言い換えれば、多少なりともマルクスを批判的に相対化したうえで、彼の思想や理論の歴史的意味を明らかにし、さらにその思想や理論を、彼自身を超えて発展させようとすることを、マルクス主義者に期待しても無理だと思われるかもしれない。

しかしながら、マルクス主義者がすべてスコラ的なマルクス解釈にとどまっていたわけではない。優れたマルクス主義者の著作は、とりわけ同時代の歴史的現実と格闘し、それを客観的に認識しようと試みたマルクス主義者の著作は、例外なく優れたマルクス論でもあった。彼らは例外なく、身近な生活の中に「不正義」や「不公正」を発見し、「重要なのは世界を変革すること」だと確信したうえで、それでは具体的にどうしたらいいのかを考え抜いた人々であり、彼らのテーマはまさに、マルクスの「唯物論的」な方法をどのように理解するか、ということと切り離せない問題だったからである。

ただし、彼らのほとんどは、既存の教義体系を超える創造的なマルクス論を展開することによって、「正統マルクス主義」の側からは「異端」の嫌疑をかけられた人々でもあった。

ここでは、そのような意味で優れて創造的な、もはや古典と読んでもいい、二〇世紀の五つのマルクス論を紹介することにしたい。

＊

・ローザ・ルクセンブルク『資本蓄積論』（長谷部文雄訳、全三巻、青木文庫、一九五二—五五年）

ポーランド生まれの女性革命家が第一次世界大戦直前の一九一三年に出版した主著。『資本論』第二巻の「再生産表式」が拡大再生産＝蓄積の実現可能性を理論的に説明できていないことを批判し、そこでマルクスが想定している「自足的資本主義社会なるもの」はどこにも存在しないことを指摘したうえで、資本主義は地球的規模で非資本主義的な地域と社会層を世界市場に引き込んで支配することなしには資本蓄積を実現しえないことを論証しようとする試み。イギリスのインド支配、フランスのアルジェリア支配、アヘン戦争とボーア戦争、そして国際借款や軍国主義についての豊富な歴史的例証。

しかし、資本主義が非資本主義的領域の社会構造を破壊しながら包摂し尽くしたとき、資本蓄積の存在条件も消滅する。だから資本主義は「世界形態たろうとする傾向をもつと同時に、その内部的不可能性のゆえに生産の世界形態たりえない最初の形態」（下巻、五六八頁）なのである。これはまさに、この時代にはまだ知られざる草稿だった『経済学批判要綱』の「資本の文明化作用」論を事実上継承発展させたものであり、同時に、フランクとアミンの従属理論やウォーラーステインの「世界システム」論の先駆をなすものである。それなのに、この主著の全訳は絶版になってすでに久しい。日本語版ルクセンブルク全集の企画が現在進行中と聞くが、『資本蓄積論』の手に取りやすい訳をぜひ出してほしい。

＊

・ルカーチ・ジェルジ『歴史と階級意識』（城塚登・古田光訳、白水社、一九九一年）

そのローザ・ルクセンブルクを「マルクスの生涯の仕事を実際に受け継いだ、唯一のマルクス門下の学者」と最初に高く評価したのが、この書。一九一九年のハンガリー革命政権に教育人民委員として参加したルカーチが、革命敗北後、ウィーン警察によって囚われの身となったまま一九二三年に出版した主著であり、未完に終わったマルクスの階級論を引き継いで、プロレタリアートの階級意識はどのようにして成立するのか、という問題に正面から取り組んだもの。階級意識とは、「自分の社会的・歴史的な経済状態についての、階級的に規定された無意識」（一〇九頁）であって、問題は、それがどのようにして「事実上の心理学的意識状態」を超えて意識されるようになるか、言い換えれば、資本主義的物象化の中で「商品の自己意識」となっている労働者がどのようにして主体としての階級へと自己を構成するか、ということである。

重要なのは、この意識化がきわめて困難な過程だということをルカーチが繰り返し確認していることである。労働者の意識は資本主義的物象化に深く規定されていて、資本主義の致命的な危機の最中にも従来の政治的・経済的環境を「自然な」ものだと思いこんでいる。それこそ「プロレタリアートのイデオロギー的な危機にほかならない」（五〇六頁）。だからこそ前衛たる党が必要なのだが、党もまた「物象化された意識」から自由ではないのだ。ロシア革命の進行を見据えながら、ドイツ革命とハンガリー革命の敗北を原理的に考え抜こうとした著者の切実さがひしひしと伝わってくる、歴史的記録文書である。

＊

・エルンスト・ブロッホ『希望の原理』（山下肇他訳、全三巻、白水社、一九八二年）

一九三七年以降の暗い時代に亡命先アメリカで書き始められ、一九四七年に完成したブロッホのライフワーク。「私たちは誰なのか。どこから来たのか。どこへ向かって行くのだろうか。私たちが待ちうけているのは何なのか。何が私たちを待ちうけているのだろうか」という問いに対する解答の試み、それがこの「希望」をめぐる百科全書であった。

荒野の預言者にして最後の啓蒙思想家でもあるこのユートピア的マルクス主義者の主著の第一章はこう始まる。「私はからだを動かす。人は早くから何かを求める。欲しくてたまらない。泣き叫ぶ。欲しいものが、まだ手のなかにない」（第一巻、四一頁）。このような生まれたばかりの人間の原初的欲求からはじまって、人類史上のさまざまな神話、物語、ユートピア思想、二〇世紀の消費社会の欲望にいたるまでの「願望」の諸相をめぐるオデュッセイ的大旅行の果てに、私たちがたどりつく最終章が、「カール・マルクスと人間性。希望の素材」と題された第五五章である。「理性は希望がなければ花咲きえないし、希望は理性がなければ語りえない」と考えるブロッホにとって、マルクス主義こそ理性と希望の統一であり、そしてマルクスこそ、「いっさいがまだ正しい世界としての世界の創造以前にある」ことを明らかにして「真の創世記」の可能性を指し示した人物なのであった。

この最終章は、ブロッホの『マルクス論』(船戸満之・野村美紀子訳、作品社、一九九八年)にも収録されている。これは、主要著作からの抜粋四編のほかに、雑誌発表論文や講演、記念論文集への寄稿など計九編からなる、手に取りやすい小さなマルクス論集なので、これを入り口にした方がブロッホの世界には接近しやすいかもしれない。

＊

・ルイ・アルチュセール他『資本論を読む』(今村仁司訳、全三巻、ちくま学芸文庫、一九九六—九七年)

一九六五年に初版、一九六八年に新版が出版され、現代思想に広範な影響力をもつにいたった構造主義的マルクス主義の宣言。アルチュセールの第一論文のテーマは、文字通り「『資本論』を読む」とはどういうことか、そもそもテクストを読むとはどういうことか、ということである。こと改めて自覚的にこのような問題を提起したことそれ自体が画期的であっただけでなく、アルチュセールにこのような問題提起を促したのが、ジャック・ラカンによるフロイト読解であったという証言（上巻、一四四頁）も衝撃的であった。

アルチュセールによれば、「哲学者として『資本論』を読むことは、独自の言説の独自の対象を、そしてこの言説のその対象に対する独自の関係をまさに問うこと」（上巻、二一頁）である。だから『資本論』を読むことは、ケネーやスミスやリカードゥを読むマルクスに対面することである。それは、「古典経済学が見ながら見ないものをマルクスが見るメカニズム」を見ることであり、彼らがなぜ何を見そこなったのかを解読するマルクスを読むことである。そして、そのようにマルクスを読むアルチュセールを、私たちが読む。一度この本を読み始めると、私たちは「読む」ということ、つまり「認識」の問題にもはや無自覚ではいられなくなる。その意味でも、これは画期的なマルクス論であった。

「『資本論』の対象」としての「構造」を論じた第二論文も、二〇世紀の思想史上重要な意義をもつが、ここでは、「構造による要素の決定、構造による構造の決定を思考する」ために「重層的決定」という「精神分析の概念をマルクス主義理論に移転させることは恣意的な借用ではなく、必然的な借用であるとみなしてよい」（中巻、二五三頁）という発言だけを紹介しておこう。示唆と刺激に満ちた挑発的なマルクス論なのである。

＊

・良知力『マルクスと批判者群像』(平凡社、一九七一年)

私自身が最も大きな思想的影響を受けたマルクス論。時は一八四六年から四八年までの二年間、舞台はブリュッセル、パリ、ロンドン、登場するのはヴァイトリンク、ヘス、シャッパー、そしてマルクスとエンゲルスという在外ドイツ人革命活動家たち。初期共産主義運動の歴史的一コマにすぎないじゃないかと言われれば、その通り。この本が描いているのは、一次資料に即して再現された、亡命活動家たちの織りなすドラマである。そして、当時として画期的だったのが、マルクスも群像の一人として等身大に描かれていたことだった。

この本の「あとがき」にはこう書かれている。「ときによっては、ひとたび葬られたものを掘り返し、現時点の光に照らしてみる必要もあるかもしれない。「公正」な評価基準を何度でもつくりなおす作業も思想史に課せられた任務なのである。……過去において権力的に埋葬された諸思想をふたたび「救い出す」こと」(二七三頁)。つまり、この本は、マルクス中心主義を批判し、正統マルクス主義によって葬り去られた思想家群像を「救い出す」試みなのである。しかし、そのような救出作業なしにはマルクスを「それ自身として正当に理解する」こともできない、というのが良知力の信念であった。

これは、もはやたんなるマルクス論ではない。良知のこの発言は、思想史というものそれ自体の存立根拠にかかわる方法論的な問題提起であった。これこそが、私自身の問題意識と方法を規定した原点である。

第十一章　世紀転換期のマルクス研究——一九九八年から二〇〇三年まで

はじめに

一九九八年は『共産党宣言』の出版一五〇周年だった。パリでは国際シンポジウムが開催され(Rencontre Internationale : "Le Manifeste communiste 150 ans après. Quelle alternative au capitalisme? Quelle emancipation humaine?" Mai 13-16)、各国で『共産党宣言』の新版が相次いで出版され(Marx and Engels [1998a] ; [1998b] ; [1999] ; [2002])、新しい解釈を試みる記念論文集(Cowling [1998])が刊行された。日本でも、雑誌『思想』(八九四号「共産党宣言一五〇年」)、『情況』(第二期九巻七号「別冊特集『共産党宣言』と革命の遺訓」)、『大航海』(二五号「特集　マルクスの考古学」)、『社会評論』(二四巻四号「特集　マルクス・エンゲルス『共産党宣言』一五〇周年」)、『経済と社会』(一二号「特集『共産党宣言』一五〇周年」)などが特集を組み、記念論文集(篠原他編〔1998〕)も公刊された。翌年には、雑誌『理想』(六六二号「特集　マルクス・今」)が続く。

ちょうどこの時期以降、国際版マルクス・エンゲルス全集(MEGA)の出版が(これまでのディーツからアカデミーへと出版社を変えて)再開されただけでなく、マルクスの諸著作の抜粋からなる『マルクス読本』の類も数多く出版された(Pierson ed.〔1997〕; Kurz ed.〔2000〕; Renton ed.〔2001〕; Raines ed.〔2002〕; Antonio〔2003〕)。さらに、マルクスの名を冠する事典(Bidet et al.〔2001〕)が刊行され、豊富な絵や写真によってマルクスとその時代を表現した大判の図版集(Bensaid〔2001〕)も出版されている。

日本でも、広範な読者向けの雑誌形式の単行本として「アエラムック」の『マルクスがわかる。』(朝日新聞社、一九九九年)や『思想読本　マルクス』(今村編〔2001〕)が現れ、大学生が企画したシンポジウムの記録『マルクスの現在』(柄谷他〔1999〕)が版を重ね、ブロッホやアーレントのマルクス論が新たに翻訳され(ブロッホ〔1998〕; アーレント〔2002〕)、二つのマルクス事典(『マルクス・カテゴリー事典』青木書店、一九九八年。『新マルクス学事典』弘文堂、二〇〇〇年)が刊行されるなど、ちょっとしたマルクス・ブームが起きた。文献学の分野では、アムステルダムの社会史国際研究所で『ドイツ・イデオロギー』のオリジナル草稿を調査してきた渋谷正の編訳による草稿完全復元版(渋谷編訳〔1998〕)が出版され、廣松渉の編集版に基づく新訳普及版(廣松編訳〔2002〕)も出た。研究の基盤整備が進むとともにマルクスへの関心が改めて高まり、マルクス研究は新たな出発点を迎えているように見える。

経済学史学会が発行している『経済学史学会年報』(二〇〇五年から『経済学史研究』と名称変更)では、一九九〇年代にはマルクスに関する「研究動向」がほぼ隔年に掲載されており(内田［1992］;千賀［1994］;植村［1996］;正木［1997］;大村［1998b］)、二一世紀にはいってからは、第三九号の「特集:経済学史研究の現状と今後」でもマルクス研究の現状が報告されている(内田［2001］)。本章では、これらとの重複を避けながら、一九九八年以後に英語圏、フランス語圏、ドイツ語圏で刊行された単行本を中心にして、世紀転換期のマルクス研究を概観することにしたい。

一　マルクス主義以後のマルクス

世紀転換期の出版界には、「現に存在した社会主義」体制を総括し、共産主義あるいはマルクス主義とマルクスの思想との関係を改めて問い直すものがいくつか見られた。しかし、『共産党宣言』一五〇周年記念の企画を別にすれば、マルクスにおける共産主義の意味を論じるものはきわめて少ない。全体を見渡したときに目立つのは、思想としてのマルクス主義あるいは現実としてのソ連型社会主義からは切り離されたうえで、資本主義批判と民主主義の交差点に立つマルクスの姿である。

ドイツではマルクス論そのものが少ないのだが、まずはシェーラーの『ヨーロッパに亡霊が出没している』(Schöler [1999]) を取り上げよう。本書は、副題「マルクスとソヴィエト型国家社会主義の挫折後の社会主義理念について」が示すように、ソ連型社会主義の理論と実践を批判的に総括し、「どのような(誤った)発展にマルクスとエンゲルスは責任があるか?」「《世紀の実験》ソヴィエト連邦後にマルクスとエンゲルスの思想から何が残るか?」を論じたものである。著者はドイツ社会民主党の理論家であり、その問題意識は、マルクスの責任を部分的に認めたうえで、社会主義の理念をマルクスから救い出すことにある。彼は、マルクスによる「協同組合的あるいは社会的生産形態への方向付け」の意義は認めるが、それには「集権主義的傾向から抜け出すことができれば」という条件が付く。現代の課題は「資本主義的生産の《全面的廃棄》」ではなく、「市場経済の調整=規制」だとされる。「大量失業、ポスト・フォーディズム的生産、ジェンダー関係の挑戦」を前にして、労働のあり方に関するマルクスの問題提起はアクチュアリティを失ってはいないが、必要なのはむしろ「マルクスの思想の止揚」だというのがシェーラーの結論である。

これと対照的なのが、『マルクスの復讐』(Desai [2002]) におけるデサイ(ロンドン・スクール・オブ・エコノミクス)の立場である。題名の意味は、「マルクスの名において言うに耐えない罪を犯した」社会主義体制が崩壊し、「世界史における悲惨で暴力的で野蛮なエピソードが終わった」ことで、「マルクスは復讐を果たした」ということである。しかし、その結果は、「市場主導的グローバリゼーションによって一つの世界が創造されつつある」という「現代の究極的パラドクス」であった。今必要なのは、「差し迫る崩壊という目的論的期待をもつことなく、一九九〇年代における資本主義の復活を理解する」ことなのだが、問題はそのための道具である。本来ケインジアンにしてイギリス労働党員である著者は、スミスからケインズ、シュンペーター、ハイエクにいたる経済学の歴史を現実の歴史に重ね合わせながら、彼らの資本主義認識の有効性を問い、こう述べる。「マルクスは、アダム・スミス以後、資本主義のダイナミクス〔＝景気循環と恐慌、富の創造と破壊、貧困と富の弁証法、労働者と資本家と金利生活者と土地所有者の人間的行動を通して生き延びるシステム〕を真剣に理解しようとした唯一の人物である。それ以来、誰もそれに成功していない。シュンペーターは近いところにいたけれども」。そして世界的規模で「リベラル民主主義的局面が始まった」現在、再確認されるべきは、政治的権利を私的所有権によって根拠づける「リベラル民主主義に内在する矛盾」を明らかにした、マルクスのヘーゲル法哲学批判のラディカルさである。今必要なのは、政治的平等と経済的不平等の矛盾を問い直すことであり、「こうして民主主義は市場への異議申し立てになる」。政治的平等を通して経済的不平等をできるかぎり是正すること、つまり「資本主義の枠内での社会主義」、これが著者の示す展望である。このように「民主主義・公正・平等」という視点からマルクス思想の現代的意義を評価する仕方が、これから見ていくように、現在のマルクス研究の主流をなしている。

『もう一人のマルクス――さまざまなマルクス主義以後』（Vincent［2001］）でヴァンサン（パリ第八大学）が論じているのも、今マルクスを読むことの意味である。「実践の中のさまざまなマルクス主義」として論じられるのは、トロツキー、ピエール・ナヴィル、エルネスト・マンデルらによるソ連型社会主義批判であって、シェーラーやデサイのような意味でマルクスと社会主義体制との関係が直接に論じられているわけではない。しかし、マルクス主義やソ連型社会主義からマルクスを切り離して救い出そうという意図は明確である。著者が強調するのは、「伝統的マルクス主義の眼鏡」を外して偏見なしにマルクスを読むことであり、そこに現代の「グローバル化しつつある世界」に対する鋭い批判者を見いだすことである。マルクスの経済学批判の意義は、人間は自分たちが生産し再生産している社会的メカニズムの囚われの身になっている、という疎外論的認識に求められる。マルクスはこのような「社会的幽閉」からの解放を推し進める道筋の一部を地ならししたのだ、というのが著者の評価である。ただし、現在切実に求められているのは、「フォーディズムの危機以後の価値形態の分析であり、「社会関係の中での権力の分配に介入しようとする、政治の再発見」である。したがって、実践的な結論は、デサイに近いと言えるだろう。

アメリカのジャーナリスト、サリヴァンの『ポスト共産主義時代のマルクス』(Sullivan [2002]) も、ほぼ同じ立場に立つ。彼もまた、「過去においてマルクス主義の信用を傷つけた階級憎悪と社会工学」を拒否しつつ、他方で市場に「最大多数に最大の財を分配する」力があるのかと問いつめ、マルクスの資本主義批判の意義を「近代人が経験する疎外の諸形態」を解明した点に求める。人間の自由を阻む「貧困・腐敗・凡庸さ」が疎外の具体的内容であり、これらを解消するためにマルクスが提起した、「真の民主主義」を通しての「社会的平等」の実現という思想は今なお有効だ、というのが著者の結論である。ここでも、政治的平等あるいは民主主義がキーワードとして使われていることに注意しておこう。

この節の最後に、ニムツ（ミネソタ大学）の『マルクスとエンゲルス——民主主義の飛躍的前進への貢献』（Nimtz［2000］）を紹介しておこう。本書は、この二人の協働の開始からエンゲルスの死にいたるまでを描いた、ソ連崩壊後初の本格的な連名の伝記である。本書が強調するのは、第一に、マルクスたちは一九世紀の民主主義運動の主導的指導者だったということ、第二に、それは、彼らがたんなる「思想家」ではなく、何よりまず政治的活動家だったからであり、第三に、彼らが共産主義者として関わった一八四八年革命の敗北から引き出した教訓と結論こそ、まさに民主主義のための闘争の有効性を高めるものだった、ということである。「民主主義の飛躍的前進」の原因となったのは「労働者階級の自己組織」なのだが、資本主義の発展がそれを自動的に生み出したのではなく、マルクスとエンゲルスこそが労働者の階級的自覚と政治化を促す不可欠の「作用因」であった、というのが著者の理解である。著者は、マルクスを「偉大な思想家」とみなすのは「神話」だと述べて思想史研究を批判し、「マルクスとエンゲルスにとっては政治的実践がアルファでありオメガであった」と断言するのだが、思想を無視することの必然的結果として、「マルクスとエンゲルス以後のマルクス主義」も「彼らの死後に彼らの名においてなされたこと」もいっさい論じられずに終わっている。そこに問題があるのだが、マルクスを救い出すためには「民主主義」の言説に回収しなければならないという共通認識が、英語圏、とりわけアメリカでは広く見られることがわかる。

二　ヘーゲルとマルクス

前節で見た諸著作と同じように「共産主義以後／マルクス主義以後」という言葉を冠しながら、内容的にはむしろ「ヘーゲル―マルクス関係」を論じるものが多いのも、最近のマルクス研究における特徴の一つである。「リベラリズム」を批判する「真の／ラディカルな民主主義」としてマルクスの思想を評価しようとすれば、マルクスのヘーゲル法哲学批判が焦点の一つになることは理解できるが、必ずしもそのようなものばかりではない。目に付くのは、むしろ一種の「ヘーゲル派マルクス主義」の盛況である。

たとえば、マグレガー（ウェスタン・オンタリオ大学）が『共産主義崩壊後のヘーゲルとマルクス』(MacGregor［1998］) で強調するのは、プラハにマクドナルドが開店し、ラトヴィアにケロッグがコーンフレーク工場を建設するという「勝利した資本主義の時代」にもなお「ヘーゲルとマルクスのオルタナティヴなものの見方」は生命力を保っている、ということである。著者の批判対象は、一方では、アルチュセール以後の「ポストモダニズム」のヘーゲル拒否であり、他方では、フランシス・フクヤマに代表される「新保守主義」のヘーゲル利用である。逆説的だが、このような新保守主義の成功がラディカル派の内部に「ヘーゲル復興」を呼び起こした、と著者は見ている。本書の問題設定は、第一に、『法哲学』の中に反動と検閲の時代を生きた民主主義者を見いだすことであり、第二に、エドゥアルト・ガンスを媒介としてヘーゲルとマルクスとの思想的連続性を論証することである。伝記的事実に関してはジャック・ドントのヘーゲル研究に依拠しているが、著者の理論的立場はルカーチやマルクーゼに近い。ヘーゲルは市民社会の不平等性を批判的に考察し、それへの解答として民主的職業団体と理性的国家を構想した、と著者は主張するが、その結果、マルクスはヘーゲル左派に還元されてしまう。現代における「ヘーゲル左派的政治の有望性」、それが著者の結論なのである。

ロックモア（デュケーン大学）の『マルクス主義以後のマルクス』（Rockmore［2002］）の主張も、マグレガーに近い。著者の問題意識は、「政治的マルクス主義の終焉後」の今、マルクスの理論を「より広いヘーゲル的枠組みの内部にあるものとして取り戻すこと」によって「マルクスの哲学理論を復旧する」ことにある。著者は、具体的に私的所有、歴史と自由、経済学批判という問題に即してヘーゲルとマルクスを比較したうえで、マルクスはその思想の根本においてヘーゲリアンであったと結論づける。マルクスの経済学自体が「多くの哲学的特徴を含んでいる」だけでなく、その「一般的な定義説明は、一観念論哲学者、特にヘーゲリアンとしてのもの」だというのだ。しかし、論理や概念の類似性など誰でも知っていることである。問題は、「ヘーゲル的」とは何を意味するのかということにあるのだが、その点では、本書はほとんど何も言っていない。

フレイザー（ノッティンガム・トレント大学）の『ヘーゲルとマルクス』（Fraser［1998］）も同じ系列に入るだろう。本書は、「欲求の概念」という副題が示すように、ヘーゲル（『人倫の体系』『法哲学』）とマルクス（『経済学批判要綱』『資本論』）の「欲求」概念を分析し、「自由と必然」論を比較したものだが、結論として強調されるのは、「欲求の理解に関しては、ヘーゲルとマルクスは対立し合うというよりむしろ全体として一致する」し、弁証法に関しても両者は「本質的によく似ている」ことである。著者の問題関心は、現代の多文化主義をめぐって議論されている「普遍的な欲求概念と特定の欲求概念との乖離という問題」にあり、ヘーゲルとマルクスは二つの欲求を「その運動において、その差異と統一への相互的移行において理解している」点で、つまり異文化間の異なる欲求の「媒介＝和解の可能性」を提示している点で、評価される。現代の政治哲学ないし倫理学への応用としては意味があるにしても、「ヘーゲル－マルクス関係」論としては、目新しさはない。

アーサー（サセックス大学）の『新しい弁証法とマルクスの資本論』（Arthur［2002］）の問題意識もまた、「ポストモダニスト」を批判して「新ヘーゲル派マルクス主義」に棹さしつつ、改めて『資本論』におけるヘーゲル『論理学』の影響を明らかにしようとするものである。著者は、『資本論』の中でヘーゲルの「全体性」概念の影響が最も著しいのは、資本主義の成立と没落の歴史的必然性を論証しようとする論理（「否定の否定」の弁証法）ではなく、むしろ所与の社会的全体を特徴づける弁証法的諸関係を接合する方法（価値形態論）だと見ている。「価値」というカテゴリーは、資本主義的諸関係の全体性という文脈において、「諸カテゴリーの体系的な展開」の中で理解されなければならないのである。このような「理念的全体性」を否定することなしには「労働は資本という夢魔から自分自身を解放できない」とする結論は、たしかに西欧マルクス主義の正統に属すると言えるだろう。

このような「ヘーゲル派マルクス主義」の盛況に関して、ローゼンタール（コロラド・カレッジ）

の『弁証法の神話』（Rosenthal［1998］）は、次のような「アングロ・アメリカ的文脈」を指摘している。つまり、それは一九八〇年代半ばに登場した「分析的マルクス主義」（ジョン・ローマーとジョン・エルスターに代表される）に対する伝統的マルクス主義者の側からの拒絶の表明だというのである。それに対して著者は、「分析的かヘーゲル的かという二者択一を回避する、一種の理論的な《第三の道》」を提起している。マルクスの政治経済学の方法は、新古典派経済学の用語で把握できるものを超えているが、それを「弁証法」に還元することはできない。『資本論』にはたしかにヘーゲル論理学の用語や定式が見いだされるが、それはマルクスがヘーゲル的弁証法を採用したということではない、と著者は主張する。著者によれば、ヘーゲルの「論理学」はキリスト教的神秘主義に深く根ざす哲学なのだが、マルクスの方法の核心をなす「価値形態」論の対象は、客観的な現実の構造だからである。重要なのは、神秘主義に後戻りすることなく、「貨幣形態の社会的意味を理解する努力」である。

こうして、少なくとも英語圏においては、「ヘーゲル派」も「第三の道」派も期せずして結論が一致する。それはつまり、資本主義的諸関係の現実的構造の分析にこそ、マルクスの思想的独自性と意味がある、ということである。

三　マルクス主義以前のマルクス

前節で紹介したローゼンタールとはまた別に、マグレガーに代表される「ヘーゲル＝マルクス連続説」に対する正面からの批判がフランスで現れた。メルシエ＝ジョザの『ヘーゲルとマルクスの間』(Mercier-Josa [1999]) が強調するのは、題名が示すように、ヘーゲルとマルクスとの差異であり、具体的に取り上げられるのは、ヘーゲル『法哲学』に対するマルクスの批判である。「マグレガーへの反論」と題された序論で著者が主張するのは、マグレガーは初期マルクスの「クロイツナハ草稿＝ヘーゲル国法論批判」(一八四三年) の意味を理解していない、という一点に尽きる。これは、一面ではアルチュセール批判でもある。著者によれば、この草稿は、アルチュセールの言う「認識論的切断」以前のマルクスのたんなる「理性的・自由主義的」あるいは「人間主義的・小市民的」民主主義擁護には還元できない。マルクスが提起したのは、市民社会と政治的国家との矛盾的対立という問題であり、これは市民社会における階級認識の形成を明確に示すものなのである。

この書は、『民主主義者マルクス』(Balibar et al. [2001]) という副産物を生み出した。これは、バリバールが組織して二〇〇〇年一月にパリの高等師範学校で行われた『ヘーゲルとマルクスの間』の合評会の記録であり、実質的にはマルクスの「ヘーゲル国法論批判」をめぐる共同研究である (寄稿者はメルシエ＝ジョザ自身を含む八人)。バリバールによる「あとがき」が総括しているように、そこで問われた問題は、「実質的権力としての人民主権、個人の政治的主体性と集団的な政治的主体性、所有権と法的平等のアンチノミー、《社会的なるもの》の代理表象のパラドクス」であり、参加者の共通認識は、マルクスのヘーゲル法哲学批判を「リベラリズム批判」として読むことにある。現代の思想的課題が「リベラリズム」への対抗にあることを、初期マルクス研究を通して示すものだと言えよう。

ラカスカード（フランス国立科学研究センター）の『若きマルクスの変身』（Lacascade［2002］）は、一八三六年以降の初期マルクスの思想形成史研究であり、マルクスが青年ヘーゲル派の一員としての「理論的・政治的ゲリラ戦」を通して、いかにグラムシの言う「有機的知識人」へと変容したかを描いている。著者もマルクスにおける「ヘーゲル的遺産」を論じているが、しかしその影響は限定的であって、「すべての死せる世代の伝統が、悪夢のように生きている者の思考にのしかかっている」という「『ブリュメール一八日』の警句がマルクス自身についても実証されるほどまでに、マルクスにヘーゲル派的ツベルクリン反応がしっかり出るというわけではない」。

いささか奇妙なことだが、このように「マルクス主義以後／共産主義崩壊後」のグローバリゼーションとリベラリズムの時代に、「マルクス主義以前のマルクス」の「リベラリズム批判」をどう評価するかという論点が、大西洋を挟んで、マルクス主義内部の「ヘーゲル派」と「アルチュセール派」が交差するマルクス研究の一つの焦点となっているのである。その結果が、初期マルクス研究の盛況となって現れている。この現象は、広い意味でのリベラリズムの理解をめぐって、とりわけロールズ以後は「分配的正義」をどう考えるかをめぐって、政治哲学や倫理学の分野を中心にさまざまな論争が行われてきた「アングロ・アメリカ的文脈」に関しても同様に指摘できる。

ブラドニー（シカゴ大学）の『哲学から去ろうとするマルクス』（Brudney［1998］）は、フォイエルバッハやバウアーと比較しながら一八四四年から一八四七年にかけての初期マルクスの思想形成をたどり、それをマルクス自身の表明とは逆に、「哲学批判から哲学へと復帰する」過程と特徴づけている。著者は、マルクスの資本主義批判の思想的根拠は「道徳哲学」だと理解しており、したがって、少なくとも資本主義が存続するかぎり、「マルクスは哲学の一形態としての道徳哲学から逃れる必要はない」ことになる。「公正な社会という概念もそれを要求することも、われわれにとって逃れられないものである」のだから、「マルクス自身がどう考えたにしても、彼の他の諸見解と合わせて考えれば、彼は資本主義批判の一部として正義の理論を使うことができた」、というのが著者の結論である。

ブレックマン（ペンシルヴァニア大学）の『マルクス、青年ヘーゲル派と急進的社会理論の起源』（Breckman［1999］）は青年ヘーゲル派の思想史的研究であり、フォイエルバッハ、チェシコフスキ、ハイネ、ヘス、ルーゲを論じた後、最終章がマルクスに充てられている。本書は、現代「市民社会」論への「ポスト・マルクス主義的関心」から「マルクス主義以前の社会理論」を検討したものだが、焦点はやはり「リベラリズム批判」にある。著者によれば、青年ヘーゲル派が全体として取り組んだのはまさに利己的な「自我を王座から引き下ろす」ことであり、「リベラリズム批判」であった。本書では、マルクスは青年ヘーゲル派の文脈に埋め込まれているのだが、ヘーゲル法哲学批判の分析から明らかになるのは、「マルクスの批判的スタンスは、資本主義経済に対してだけでなく、市民社会の《市民的》次元にも向けられている」ということである。「自発的社会形成と人格的自律の概念的・法的認知、個人の権利の制度的表現と保護」、それが残された問題である。

ロバート・ノージックを論じた著書もあるウルフ（ロンドン・ユニヴァーシティ・カレッジ）の『なぜ今マルクスを読むのか？』（Wolff［2002］）が特に重視するのも、初期マルクスである。「マルクスの思想の中で生きているのは何で、死んだのは何か？」というのが本書の問題設定であるが、「今日の反資本主義運動の曾祖父」マルクスの思想の中で今も有効なのは、やはり現代資本主義批判でありリベラリズム批判である。「マルクスの初期著作の力は、現代の発展諸国の多くに見られるリベラル民主主義的な自己満足を疑問に付すことにある」。その例として挙げられるのは、『経済学・哲学草稿』の貨幣批判や人間の商品化に対する批判である。著者によれば、「マルクスのきわめて壮大な諸理論は実証されていない」が、「彼の諸著作は西洋の知的伝統の中で最も力強いものの一つであり、真偽にかかわらず、正しく理解し敬服すべきもの」であって、「マルクスは、今日現にあるような資本主義に対する、最も深く鋭い批判者であり続けている」。

こうして話は一巡りして元に戻る。デサイも指摘したことだが、マルクスは「マルクス主義以前」にすでに、「市民社会」に内在する政治的平等と経済的不平等との矛盾を問い直し、所有的個人主義としてのリベラリズムを批判していた。そして、それによって「公正／正義」とは何かを再審に付した。そのような意味でのラディカルな資本主義批判者こそが、「マルクス主義以後／共産主義以後」のグローバリゼーションの時代に求められているマルクスなのである。

四　さまざまな「読み直し」

ここでは、これまで述べてきたような分類には当てはまらないが、マルクスを新たに「読み直す」ためのヒントを提供している著作をいくつか紹介することにしたい。

まずはカーヴァー（ブリストル大学）の『ポストモダン・マルクス』（Carver［1998］）である。ソ連が解体し「東西対立」が消滅した現在、マルクスはむしろ「商業社会の主要な批判的理論家という彼本来の姿に戻ることができる」というのが著者の歴史認識なのだが、本書は、マルクスを再評価するための「読み方」を中心的に論じたものである。最近の新しい読み方の特徴として、著者は次の三点を挙げる。第一は「マルクスの何を読むか」、つまり取り上げられるテクストの選択の変化である。その一例として廣松渉編集版『ドイツ・イデオロギー』が取り上げられ、マルクスの共産主義像の再解釈が論じられる（第五章）。第二は「マルクスをどう読むか」、つまり「言語論的転回」以後の読解の方法論である。名を挙げられるのは、ガダマーやリクールの解釈学、デリダの脱構築、ケンブリッジの「コンテクスト主義」であるが、たとえばデリダのマルクス論は、「言葉の綾」に依拠した飛躍に終始していると批判される（第一章）。第三は「マルクスをなぜ読むか」、つまり読解の目的の変化である。著者は、「革命家」としての側面が理論的にも実践的にも過大評価されてきたが、「マルクスは民主主義者だった」し、同時代の「政治的事件に対する鋭い解説者だった」として（第六章）、マルクスの「政治的介入」の現代的意義を強調している。いずれにしても、「マルクスを読み直すことそれ自体が思想的・政治的に前に進む重要な方法なのである」。終章で、著者は改めて、テクストの選択や言語論的前提や政治的目的を含む「読みの戦略」の違いによって「複数のマルクス」が産みだされてきたこと、だからこそ修正主義論争以来のさまざまな論争が行われたことを確認し、この論争の過程での「語りの構造」そのものに注意するよう読者に促している。「マルクスを読む」ことは「一人のマルクスを構築することである」からこそ、自覚が必要なのだ。「われわれにとってマルクスが複数なのは、われわれが抱える問題が複数だからだ」。

具体的な「読み直し」の例として、ユートピア論という視角から『ゴータ綱領批判』における共産主義の二段階論を詳しく検討したウェブ（コヴェントリー大学）の『マルクス、マルクス主義、ユートピア』（Webb［2000］）がある。著者によれば、マルクスは意識的には「ユートピア的なシステム建設者ではなかった」のだが、自分が設定した問題に対して不適切で矛盾する解決策しか提示できなかったために、結果的に「予期せぬユートピアン」となったのである。この「反ユートピア的ユートピア主義」の起源は、マルクスが「筋道の通ったオルタナティヴ」を確立できなかったことにある。ここから著者は、重要なのは、マルクスのユートピア主義を弁護することではなく、むしろマルクスによる資本主義批判の持続的活力に焦点を当てることだと結論づけている。

アルトーの『マルクス、国家、政治』(Artous [1999]) も、もう一つの「読み直し」の試みである。本書は、マルクスがまとまった形では残さなかった国家論を、初期から晩年にいたる「諸テクストそのものに語らせる」ことによって再構成しようとしたものである。マルクスにとって近代国家は市民社会から分離された「抽象」であり、法=権利は「近代的生産様式の表現」であった。しかし、その結果、マルクス主義内部に「解放の法的契機に対する過小評価」が生まれたことを、著者は、エルンスト・ブロッホの自然法論に依拠しながら批判的に論じている。マルクス国家論の到達点として提示されるのは、「生産の社会化と人間的解放」の結果として実現する「政治的なるものの消滅」とは、「社会的なるものの民主主義的な自己組織化」にほかならない、ということである。「民主主義」の再定義と再構築こそが、再構成されたマルクスから導き出される実践的結論なのである。

実践と関わらせてマルクスを読み直そうとする場合、自然や環境の問題を避けて通ることはやはりできない。バーケット(インディアナ州立大学)の『マルクスと自然』(Burkett [1999])は、マルクスの自然認識の「内的な論理と首尾一貫性と分析的力」を明らかにしようとするものである。これは、「生産力論」的マルクス解釈(マルクスは人間の自然支配=制御の拡大過程を進歩とみなしたとする)に対する批判であると同時に、従来の「エコロジカルなマルクス主義者」の認識の不十分さに対する批判でもある。著者によれば、マルクスには、特定の生産形態には歴史的必然性と限界があり、生産の自然的諸条件(人間の身体的存在を含む)も歴史的に特殊な形態を取る、という展望がある。だからこそ、「マルクスのアプローチは、資本主義の下での環境的危機の諸源泉、エコロジカルな闘争と階級闘争との諸関係、人間と自然の健全で持続可能な共進化の必要諸条件についての、独創的で有益な洞察を提供している」のである。マルクスが明らかにしたのは、「資本主義的生産諸関係における価値と自然の矛盾」であり、資本主義は「人間的自然と人間以外の自然からの二重の収奪」によって「環境的危機」を必然化する、ということである。「だから、われわれが自然と共に生きようとするならば、われわれは自分たちの社会組織の主人とならなければならない」。著者は、マルクスの自然観は初期から晩年にいたるまで基本的に一貫しているという立場に立って、『経済学・哲学草稿』以降の諸文献から詳しい引用を行っており、その点で本書は「読本」としても役に立つ。

フォスター（オレゴン大学）の『マルクスのエコロジー』（Foster［2000］）も、バーケットとほぼ同様に、「マルクスの世界観は根本的に体系的にエコロジカルであり、このエコロジカルな見方は彼の唯物論に由来する」ことを、フランシス・ベーコン以降の唯物論の歴史を追跡しながら論証したものである。本書は同時に、人間「実践」中心的な「ヘーゲル派マルクス主義」から「エコロジカルな唯物論」への著者自身の移行の記録でもある。著者は、特にマルクスがユストゥス・フォン・リービヒの影響を受けつつ「自然と社会の物質代謝」認識を形成していく過程を重視し（日本では椎名［1976］の先駆的研究がある）、マルクスの問題関心が自然の疎外と労働の疎外の一体的克服にあったことを明らかにする。マルクスは「非決定論的唯物論に深く影響されて」おり、エピクロス、ヘーゲル、リカードゥ、リービヒ、ダーウィンなどのさまざまな理論から彼が鍛造した「革命的哲学」の目標は、「疎外の全面的超克、すなわち、協働する生産者の社会という地上的基礎をもつ合理的エコロジーと人間的自由の世界」であった、と結論づけられる。

このように見てくれれば、個別的な「読み直し」が提示しているのも、前節までに見てきた諸研究と同様に、やはり資本主義批判者、民主主義者としてのマルクスであり、そしてエコロジストとしてのマルクスなのである。

五　まとめと展望

ほぼ一九九八年以降、マルクス研究の基盤整備が進むとともにマルクスへの関心が改めて高まり、マルクス研究は新たな出発点を迎えているように見える、と最初に述べた。これは、言い換えれば、マルクス研究の重点そのものが一九九八年前後を境に大きく変化してきたということでもある。一九八九年の東欧革命とソ連の解体以後しばらくの間は、マルクス主義あるいは共産主義とマルクスとの関係、「社会主義の失敗」とそれに対するマルクスの「責任」、そして市場社会主義の可能性などが、マルクスを論じる場合に避けて通れない大きな問題だと意識されていた（植村［2001］序章）。

しかし、最初に紹介したシェーラーを除けば、そのような問題設定はすでにほとんど見られなくなっている。論じられる場合にも、「社会主義の失敗」を「マルクスの復讐」とみなすデサイのように、ベクトルはむしろ逆である。二一世紀に入って、マルクスをマルクスとして、つまり二〇世紀のマルクス主義や共産主義から分離された一九世紀の一人の思想家として論じる、という研究の仕方がほぼ確立したと言っていいだろう。分離しない場合には、マルクスとマルクス主義との関係そのものが、「責任」論としてではなく、客観的な歴史的研究の対象となっている。

たとえば、最近では最も包括的なマルクス主義論であるマンク（リヴァプール大学）の『二〇〇〇年のマルクス』（Munck［2000］）は、次のような八章からなる。「迷宮を越えて：マルクス主義の軌跡」「赤と緑：マルクス主義と自然」「ソヴィエトプラス電化：マルクス主義と開発」「限られた墓堀人：マルクス主義と労働者」「不幸な結婚：マルクス主義と女性」「上部構造の復讐：マルクス主義と文化」「困難な対話：マルクス主義と国民」「大洪水の後に：ポスト（モダン）マルクス主義？」。章題を見ただけで、マルクス主義が直面してきた諸問題が過不足なしに取り上げられていることがわかるだろう。しかも各章では、そのテーマに関連するマルクス自身の思想、その後のマルクス主義の展開、そして今まさに問題になっていること、が手際よく整理されている。同時に、デリダやイーグルトンをはじめとする現代のマルクス論やマルクス主義論が手際よく論点整理されている。著者によれば、ポストモダニズムと正統派マルクス主義との間、一九八九年をマルクス主義の全面的破局と見る者とそれを「真の」社会主義にとっての好機と見る者との間は、現在「通行不能」である。「しかし多くの可能性が地平線上に現れている。南、不均等発展、グローバリゼーション、そして帝国主義は、依然として変革の展望にとっての主要なパラメータである。この非ユートピア的ユートピアのジェンダー化とグリーン化を探るひともいるだろう。資本主義についてマルクスが言わなければならなかったこと、そして初期から晩年まで一貫している彼の平等主義的倫理は、おそらく方程式の一部であり続けるだろう。歴史は一九八九年に終わったわけではないのだ」。

実際に、初期マルクスの「リベラリズム」批判を一つの焦点としてマルクス研究が活性化していることは、これまでに見てきたとおりである。たしかにリベラリズムという概念そのものが曖昧さを免れないものであり、特に現代の「アングロ・アメリカ的文脈」の中では、マルクスの批判対象とされるものも、古典的な所有的個人主義からリバタリアンやネオリベラリズムまで、論者によって多様な含意がありうる。またマルクスの思想的立場についても、社会主義の価値が自明ではなくなったからこそ、改めて「民主主義」や「公正／正義」という概念に引きつけて論じられる場合が多くなっている。これが現代の歴史的状況、とりわけアメリカやイギリスの政治と言説の状況に制約されたものであることは間違いないが、ウルフが言うように、「西洋の知的伝統」の中でのマルクスの位置づけを改めて考えさせる機会を提供していることも間違いない。その意味では、マルクスの思想史的研究はやはり新たな出発点を迎えているのである。

マルクスの資本主義認識に関して言えば、多くの論者がマルクスの価値形態論の意義に言及していることに、今一度注目しておきたい。本章では、経済理論としての『資本論』研究にはふれなかったが、マルクスの経済学批判体系については、資料的条件整備という意味でも、今後にこそ本格的な研究が期待できる。それにも関連するが、研究の現状を概観して不満が残るのは、『マルクスのグローバリゼーション論』と題した読本（Renton ed. [2001]）を除けば、マルクスの世界認識を論じたものが見あたらないことである。グローバリゼーションの時代にこそ、「資本の文明化作用」論をはじめとするマルクスの世界史認識を一九世紀の文脈に即して「読み直す」ことには意味がある（植村［2001］参照）。これについても今後の研究に期待したい。

第十二章　唯物論と自然主義をめぐって——二〇〇四年のマルクス

はじめに

東欧革命とソヴィエト連邦の崩壊によってマルクス主義が一つのオーソドクシーとしての地位を失い、さらに冷戦構造が解体して〈帝国〉と呼ばれる世界規模の経済的・政治的状況が生まれてから、十数年が経過した。二一世紀に入って、このような状況の変化に対応するマルクス研究の新しい傾向もまた、ようやく明確になってきたようである。

ここ数年間の英語圏・フランス語圏・ドイツ語圏でのマルクス研究に限定して言えば、古典的な所有的個人主義からリバタリアンやネオリベラリズムまで論者によって多様な含意があるにせよ、「リベラリズム」批判を一つの焦点として、特に初期マルクス研究が活性化しており、またマルクスの思想的立場についても、「社会主義」ではなく、むしろ「民主主義」や「公正／正義」という概念に引きつけて論じられる場合が多くなった。前章で見たように、ヨーロッパとアメリカにおけるマルクスの思想史的研究は、いわば「西洋の知的伝統」の中にマルクスを改めて位置づける形で、新たな出発点を迎えている。

それでは、日本におけるマルクス研究の現状はどうなのだろうか。以下では、二〇〇四年に日本語で出版されたマルクス論を中心にして、その動向を明らかにしたい。

一　コミュニズムと〈帝国〉

リベラリズム批判、あるいはリバタリアン対コミュニタリアンというコンテクストの中でマルクスを読むという、英語圏に多く見られる問題設定に最も近いのが、大川正彦『マルクス――いま、コミュニズムを生きるとは？』（NHK出版、二〇〇四年）である。本書は「哲学のエッセンス」という入門書シリーズの一冊で、手に取りやすい小さな本であるが、そのためにかえって著者の問題意識が明瞭に出ている。

本書は、「第一章「私的所有」の感覚を疑う」、「第二章〈労働者身体〉はいかにつくられるのか」、「むすびに――「集合的身体」のほうへ」の三部からなる。章題からも推測できるように、大川の問題意識は、「身体／生命」「私的所有」「自己責任」などをめぐる最近の倫理学や政治哲学の議論を踏まえ、私的所有への「違和・不同意の感覚」（二二頁）を出発点にして「私的所有を当然として受け入れる身体／生命のありようを考察し」（五九頁）、それに対置するかたちで、マルクスのコミュニズムの中心にある「集合的身体という存在思想」（二三頁）を明らかにすることにある。

一人の「わたし」は、資本主義社会に生きる労働者として「働く身体の、苦しみ痛むだけの身体への萎縮」（七四頁）を被り、同時に労働現場においては、上から統合された「コンビネート労働者身体」の一部と化している。それに対してマルクスは、「〈働く身体と苦しみ痛む身体との二重性〉という視座、あるいは「受苦的存在としての人間」という視座」（一〇九頁）をもち、そこから、一方で「コンビネート労働者身体のアソシエート労働者身体への転成の可能性」（八八頁）を探ろうとするともに、他方では、「各人にはその必要に応じて」という言い方で、他者の欠乏に応答する「集合的身体という事態」（一〇二頁）の生成を構想していたのだ、というのが大川のマルクス理解である。

本書の最後で、「いま、コミュニズムを生きるとは？」という問いに対して、大川はこう答える。「ひとは、人びとは、男たち女たちは、誰かれに指図されることなく、横に集まることができ、なんとかそこでやりくりし、闘うことができる。そのような力、集合的身体という事態・出来事を生成させる力があるからこそ、それを利用する資本の専制支配は継続しうるのである。要は、飢えや渇きからの恐怖を凌ぎ、別段、専制支配などなくてもやってゆけると、集合的身体という事態・出来事に賭けてみればよいのだ」。そして、このような「試みは、なにも、社会の規模にわたって、一挙に行われなくてもよい。できるところからはじめればよい」（二一一頁）のだと。

なんといっても小さな本で、マルクスの全体像を描くには紙幅が足りないし、マルクス研究として特に新しい論点が提起されているわけでもない。結論は、むしろマルクス以前のコミュニズム思想を思わせる。しかし、実践的な「生の技法」として、こういう読み方が切実な意味をもつ場面はたしかにあるだろう。本書の意義は、そのような一つの切り口を示したことにある。本書は、マイケル・ハートとアントニオ・ネグリの『帝国』末尾の、「いかなる権力であれ統制できない革命——なぜなら生の権力と共産主義、協働と革命が、愛、素朴さ、そしてまた無垢のうちに集まっているからだ。これこそが共産主義者であることの抑えがたい快活さと歓びなのである」（水嶋一憲他訳、以文社、二〇〇三年、五一二頁）という文章に対する一つの注釈としても読むことができるかもしれない。

もっと直接に『帝国』に影響されたマルクス論としては、的場昭弘『マルクスを再読する——〈帝国〉とどう闘うか』（五月書房、二〇〇四年）がある。第一章「アントニオ・ネグリの〈帝国〉の概念」にはじまり第一三章「社会運動とマルクス」で終わるという構成からもわかるように、これはむしろ『帝国』の解説本である。「ネグリの〈帝国〉」は、「巨大な資本制システムそれ自体」、「動き出したらいつまでも動きつづける。それを停止させる中枢の頭脳もなければ、末端の制御装置もない」「一種の機械装置」（一四頁）なのだが、そのような「〈帝国〉とどう闘うか」が本書の問題意識なのである。

的場は、もはや「具体的なブルジョアジー対具体的なプロレタリアートとの間の階級闘争によって、このシステムの帰趨が決せられるということにはならない」（一九頁）のだから、「社会運動の原点」は「移民労働者を含む外国人、そして女性、学生、そして働かない者さえも組織されていく運動」（三三七頁）であり、それは「近代市民社会を批判する運動以外にはありえない」（三三九頁）と結論づける。とすれば、重要なのは現状分析の妥当性であって、ここで特に「マルクスを再読する」必要があるとも思えない。

しかし、的場は改めてマルクスを「スピノザの観点から読み直してみる」（九七頁）よう提案する。その理由は、スピノザの「弁証法なき唯物論」が「社会において内在的な矛盾というものを認め」ず、「かつてのマルクス解釈が前提にしていた三つの命題、階級闘争史観・発展段階説・唯物弁証法をすべて否定してしまう」（五八頁）ことに求められる。このように「スピノザ対マルクス」という問題を設定するのなら、むしろ自分の目で「スピノザを再読する」ことによってマシュレやネグリのスピノザ論を検証するほうが先だと思うのだが、的場によれば、「スピノザに発する流れをマルクスに読み込んでいくことによって、新しいマルクスを発見しなければならない」（一一三頁）のである。

では、その結果はどうなのか。スピノザは「国家権力をひたすら解体する分権的民主主義、すなわち文字通り自治主義（communism）」の思想家であり、スピノザの革命は「真の民主主義を実現しようとする運動、すなわち類的共同体に権利を維持しようとする社会運動」であった、と説明される（三一三頁）。そしてスピノザの視座から読み直された「マルクスの思想、すなわちマルクス主義」（三二八頁）の根本にあるのは「労働を通じた共同の概念」であり、「ここでは人間が類として考えられている」のであり、社会運動が目指すのは「こうした共同体を実現すること」だと結論づけられる（三二九頁）。しかし、このような結論のどこに「新しいマルクス」がいるのだろう。

いずれにしても、ネオリベラリズム全盛の〈帝国〉的状況の中で、マルクスをコミュニタリアンとして読む、あるいはマルクスにおけるコミュニズムの意味を再確認する、というのが最近のマルクス論における一つの流れであることは、これらの本から確認できる。

二　エコロジーと唯物論

マルクスにおける「唯物論」の意味を掘り下げた本格的な研究が目立つのも、最近の一つの動向である。前章第四節で取り上げたジョン・ベラミー・フォスター『マルクスのエコロジー』（渡辺景子訳、こぶし書房、二〇〇四年）は、二〇〇〇年の原書出版直後から注目されてきた（工藤秀明の書評がある。工藤［2001］）。題名だけを見ると、環境問題などの現代的状況への発言のように思われるかもしれないが、著者の問題意識は、エコロジーの思想的根拠を確認することにある。フォスターによれば、それは、ディープ・エコロジストからの批判に応接して「マルクスをグリーンにする」ことではなく、むしろ逆に、マルクスの思想のコンテクストを幅広く探ることによって、マルクスの「エコロジー的な見方が彼の唯物論に由来する」（一一頁）ことを確認し、「今日の緑の思想の多くに見られる観念論、唯心論、二元論を乗り越える」（四三頁）ことなのである。

本書の副題は「唯物論と自然」であり、本書のテーマは一七世紀以降の「唯物論的思考」の思想史である。世界を創造した神の意図に関するキリスト教的思考である「目的論」が、一九世紀の地質学や生物学やマルサスの経済学にいたるまで、いかに根強い影響力をもっていたか、そして「目的論的な説明に反対する」思考としての「唯物論」が、いかに困難な闘いを遂行してきたか。その歴史が、ダーウィンとマルクスを二人の主人公とする「唯物論的自然観」と「唯物論的歴史観」の成立過程として描かれる。著者の筆致は生き生きとしていて、読み物としても手に汗を握るスリリングな面白さがある。

フォスターの描くマルクスは、エピクロスの「非決定論的な唯物論」に深く影響されてヘーゲル派の「見解を乗り越えはじめ」(六一頁)、目的論的な「マルサスやユーアのような古典派自由主義政治経済学者の非人間性に対抗するなかで」(一八一頁)経済学批判に着手し、農業化学者リービヒから「物質代謝」という概念を採用することによって、「人間と自然との複雑な相互依存関係を説明しようという初期マルクスの、より哲学的な企て」を、「人間と自然との物質代謝が人間労働の具体的な組織を通じて現れる、そのあり方」(二五二頁)の概念的把握へと発展させた「唯物論者」である。そのマルクスが批判するのは、資本主義が人間と自然との「物質代謝に亀裂を生みだした」(二六〇頁)ことであり、「目指したものとは、結合した生産者の社会という地上的な基礎の上に立つ、合理的エコロジーと人間の自由の世界であった」(四〇〇頁。訳文一部変更)。

しかしながら、その後のマルクス主義はマルクスの唯物論の意味を見失ってしまった。フォスターによれば、ブハーリン以後のソヴィエト・マルクス主義は、ある種の機械論とポジティヴィズムのために「一面的で目的論的な進化観」（三八七頁）に陥り、他方で、それを批判したルカーチやフランクフルト学派は、「マルクスよりはヴェーバーの合理化批判……に根ざして」いて、「自然の現実的、物質的疎外の分析が欠如している」ために、「全体として人間の自然からの疎外を科学と啓蒙とに帰して」（三八三頁）しまう。だからこそ、改めてマルクスの「物質代謝の亀裂」理論を復活させる必要があるのだ。

訳者が「あとがき」で指摘しているように、「物質代謝」に注目するフォスターのマルクス理解そのものは、内田義彦『資本論の世界』（岩波新書、一九六六年）や椎名重明『農学の思想――マルクスとリービヒ』（東京大学出版会、一九七六年）を知っている私たちには、特に目新しいものではない。本書の独自の貢献は、むしろ次の点にある。第一に、唯物論の歴史的文脈を明らかにし、ダーウィンの進化論を（スティーヴン・ジェイ・グールドの解釈に依拠して）「非決定的な唯物論」として理解することで、マルクスとの共通点を明らかにしたこと、第二に、フランクフルト学派のマルクス理解の問題点を明らかにし、モレショットの影響を過大評価したアルフレート・シュミットに対して説得力のある批判を行ったこと（二五六頁以下と三八四頁）、である。全体として、本書が今後のマルクス研究の出発点となる一つの標準的理解を提供するものであることは間違いない。

田畑稔『マルクスと哲学――方法としてのマルクス再読』（新泉社、二〇〇四年）もまた、緻密な読解によってマルクス自身にとっての「唯物論」の意味を明らかにした労作である。『マルクスの哲学』

ではないことに注意されたい。本書は「哲学に対するマルクスの関係」を問い直す試みであり、「マルクスの「唯物論」のほぼ全面的な読み直し作業」（七頁）の記録であって、著者は一貫して「マルクス自身に徹底内在して論じるという姿勢」（二七頁）を保ち、「論者各々が自分の哲学定義をマルクスの中に持ち込むという外挿法」（三〇頁）を厳しく批判する。読解の方法として、そのことをまず評価したい。

田畑は「哲学に対するマルクスの関係」を次のように整理する。マルクスは、①最初は理性主義的観念論の立場（「意志としての哲学」）に立ち、②『ヘーゲル法哲学批判序説』では「哲学とプロレタリアートの歴史的ブロック」構想へと進んだが、③『ドイツ・イデオロギー』前後に一転して「「イデオロギー」としての哲学」という基本了解に至り、④六〇年代には『資本論』でヘーゲル弁証法を再評価するものの、最晩年にも自分の思想が一種の「歴史哲学」と見られることを拒否し続けた。したがって、一八四〇年代半ば以降、マルクスが「哲学の外部にポジションをとり続けたということは、ごまかし抜きに確認しておかなければならない」（三〇頁）のであり、「マルクス主義哲学」なるものは「「イデオロギー」としての哲学への退行」（五三頁）にほかならないのである。

それでは、マルクスにとって「唯物論」とは何なのか。マルクス自身の用例を丹念に追跡することによって、田畑は次のように結論づける。マルクスが「唯物論」という言葉を肯定的な意味で用いはじめるのは『経済学・哲学草稿』第三草稿からであり（二五五頁）、『フォイエルバッハ・テーゼ』で「新しい唯物論」はもはや「哲学」にはとどまりえないことが確認される（三二四頁）。つまり、「唯物論への移行」によって、マルクスは「哲学の外部に」立ったのである。それ以後マルクスが「唯物論」という言葉を用いるのは、第一に、主として社会主義運動における主意主義を批判し、「現実の生活諸関係」の経験的観察を求めるという文脈においてであり、第二に、それは「教説」としてではなく「方法」として強く意識されており、第三に、「批判的」や「実践的」とセットで「唯物論的」という形容詞形で用いられる場合が多い（三四六頁）。

これらの確認から何が明らかになるのか。マルクスは「弁証法的唯物論」「史的唯物論」「唯物論的歴史観」などとは一言も言っていないこと（一七七頁）、マルクスの唯物論は、諸現象を物質的なものへ還元する「還元の唯物論」でも、物質的なものが他の何かを一義的に決定する「決定の唯物論」でもなく、「物質的生活の諸制約（諸条件）」を直視しようとする唯物論であること（三七八頁）、したがって、土台と上部構造という「建築物との比喩は、「土台」が隠れているのに対して「上部構造」が「そびえ立つ」という、直接的意識に対する社会関係の転倒的現れを特徴づける点ではある種の有効性をもつ」が、「イメージ的非概念的」表現にすぎないこと（四五五頁）、などである。

本書は全体として、文献実証的に反論の余地のない読解を通して、「マルクスを、晩年のエンゲルスによって叙述された「マルクス主義」ないし「マルクス主義哲学」に対する一つのオールタナティヴとして、つまりもう一つの選択肢として読むこと」（五〇九頁）に成功している。そのような問題意識そのものは、一九六〇年代後半以降、「西側」諸国のマルクス研究の通奏低音であり続けてきたが、「マルクス主義」的概念の「外挿」を排除する作業がここまで徹底されたことはなかった。その意味で本書は、今後のマルクス研究を基礎づける一つの到達点であるだけでなく、より一般的に思想史的なテクスト読解の方法論という点でも一つの模範例を示したものだと言うことができる。

三　受苦的存在と自然主義

最後に、第一節で取り上げた二冊と同様に現代的状況へのコミットメントを強く感じさせるマルクス論であると同時に、読解の方法という点において第二節で取り上げたマルクス研究とは対照的な著作として、山之内靖『受苦者のまなざし――初期マルクス再興』（青土社、二〇〇四年）にふれないわけにはいかない。本書は、一九七六年から七八年にかけて「初期マルクスの市民社会像」という題で『現代思想』に連載された論文（第一章から第三章）に、四半世紀の中断を経て新たに書き下ろされた続編（第四章および「結び」）と「序章」を加えて一書としたものである。本文四七〇頁のうち三一二頁分、ちょうど三分の二を占めるのは一九七〇年代のマルクス研究（以下、旧稿）であり、それを二〇〇四年のマルクス論（新稿）が挟み込んでいる形になる。何よりまず、その時差が感慨深い。

旧稿は、一九六〇年代以降の膨大な研究蓄積を再点検しながら『経済学・哲学草稿』を読み直そうという試みであり、その時点での初期マルクス研究の一つの総括を目指したものであった。山之内の問題意識は、マルクスの思想形成におけるヘスとエンゲルスの先行的役割を評価する廣松渉の議論を批判し、他方で、人間を「有限な受苦的存在」としてとらえるフォイエルバッハの「自然主義」のマルクスへの影響を強調することにあったが、第一草稿の「疎外された労働」論を検討し終えたところで、連載は突然中断された。

この旧稿は、当時としては最も包括的な草稿研究の試みであったが、再読して改めて気づくのは、田畑の言う「外挿法」の多さである。たとえば「史的唯物論」という言葉が何の限定もなく使われているし、ヘーゲルの「欲求の体系」論は、「巨大独占体の宣伝・広告による市場操作の時代に生き、彼らのマス・メディア支配を通した大衆社会的意識管理に苦悩している現代のわれわれを、はるか一世紀以上も先だって透視していた」（一二二頁）と、直接に現代的状況と結びつける形で評価されたりする。

さらに山之内は、市民社会を「近代的キリスト教的小商人世界」と特徴づけて批判したヘスに対して、「ヘスには、宗教改革期の平民的手工業労働者をとらえた召命としての職業労働（Beruf）の思想、そしてまた、この思想がもち得た大衆的レヴェルでの変革力といった点、総じて、ヴェーバーが問題としたプロテスタンティズムの倫理とエートスの側面は、初めから縁のない領域であった」（一六〇頁）、「この先駆的な試みは、市民社会が宗教改革運動による勤労的生産者層の意識変革を起点として生み出された歴史構成体だという事実に盲目である」（二六〇頁）、といった超越的な批判を投げつけている。

しかし、一八四〇年代のプロイセンは、ルター派プロテスタンティズムを国家原理としてユダヤ教徒を法的に差別していた「キリスト教国家」であって、その中で、彼自身ユダヤ教徒であったヘスは、

『ライン新聞』編集長としてユダヤ教徒解放運動に関与し、さらにはユダヤ教を「利己主義」や「貨幣崇拝」と同一視する当時のキリスト教的偏見に対して、皮肉に満ちた反論を行っていたのである（植村［1993］参照）。旧稿の時点ではまだそのような具体的な歴史的コンテクストへの知識がなかった、という言い訳は可能かもしれないが、山之内の「外挿法」的読み方にはもっと根深い問題がある。それはむしろ意図的なものだからである。

旧稿の註の中で、山之内は自らこう述べている。「これまでの初期マルクス研究に対し、私が多少なりとも独自の発見を加えたとすれば、それはマックス・ヴェーバーを下敷としてフォイエルバッハの『キリスト教の本質』を読みとろうと努めたということ、この点に由来する部分が大きい」（五四五頁註一六）。

このような山之内の読み方を、すでに二〇年ほど前に寺田光雄が批判している。寺田は、「思想を思想家の内面形成に即しつつその諸見解を統一的な像に再構成しようと」する自分と「理論先行的」な山之内の間には「思想に向かうかなり大きな方法上の相違」があると述べたうえで、次のように厳しく山之内を問いつめている。「フォイエルバッハの指摘するヘーゲルの理性信仰に、プロテスタンティズムの倫理＝《資本主義の精神》を同化させ、フォイエルバッハの認識上の立場を「西欧近代の精神の画期的なダイナミズムを認めたうえで、そこに疎外の問題をみ」たと断定することは果たして可能なのか。フォイエルバッハの思想の内的論理からそれがどう説明できるのか。……かれはその種の精神といつどこでどういうふうに出会い、内面化し、何がきっかけで対象化したのか」（寺田

[1986] 一八四―一八五頁)。

それでは、山之内の新稿は何をどのように論じているだろうか。第四章では、第三草稿に見られる、人間を「死をまぬがれない」感覚的・感性的存在ととらえる「受苦的存在者の存在論」が、「国民経済学の十分な理解に到達した時点で現れたフォイエルバッハ理解のこの新たな水準」(山之内、前掲書、三八六頁)と位置づけられ、高く評価される。しかし同時に、「宇宙や世界に関する感性的意識の復権――その意味でまさしく存在論的というべき世界認識の変革」(四〇六頁)を可能にするはずの「受苦者のまなざし」は、「その後は一度たりともマルクスによって振り返られることがなかった」(四四四頁)と断言される。

さらに「結び」において山之内は、後期マルクスには「マルクスその人の体系性を制約した狭隘な経済一元論」(四五〇頁)、「経済決定論的傾向やあらわな進化主義的信念、さらには、その背景となった一元的な社会理論」(四五六頁)が見られると断定する。その結果、序章では、「「世界像レヴェルの転換」を呼びかける要素を自ら放棄してしまった「後期マルクス」には、もう可能性はない。そのことの自覚の中から、新しいマルクスへの模索が始まるであろう」(六一頁)と宣告されてしまうのである。

このように「後期マルクス」を否定的に評価する点で、新稿は旧稿の「マルクス体系」理解と矛盾している。旧稿は、第一草稿におけるフォイエルバッハ的「自然主義」の意義を強調しながら、「後期マルクスにいたれば「疎外された労働」にみられたフォイエルバッハの自然主義がまったく消え去ってしまうという見方は、マルクス体系の理解として到底正当とはいえない」(三五〇頁)、「自然主義はマルクス体系の枢要な一環として保持されることとなり、後期マルクスにおいても、折あるごとに頭をもたげ、自己主張を繰り返すこととなる」(三六九—三七〇頁)、と指摘しているからである。

現時点で最も包括的で内在的な『経済学・哲学草稿』研究である工藤秀明『原・経済学批判と自然主義』(工藤 [1997])も、第三草稿のマルクスが「人間を、活動性と受苦性、主体性と対象性の両面・両義を備えた対自的自然存在と捉え、そのようなものとして労苦と歓喜にみちた現実の弁証法的な過程を遂行しえてこそ、人間は類的存在として、生成的に自己形成と歴史的発展＝世界史形成とを遂げてゆくことができるのだと強調する」(同、二六三—二六四頁)ことを高く評価するとともに、「自然主義」が「言葉としては、やがて叙述の表面から消え」てゆくことを認める。しかし、他方では、「対自然の関係(行為)と人間相互の関係(行為)との一体的・同型的な捉え方こそは、実は、マルクスのその後の研究行程においてくり返し表出されるものであり、畢生の作品たる『資本』においても基礎とされている」(同、二七八頁)ことを指摘している。このようなマルクス理解は、フォスターや山之内自身の旧稿ともほぼ同じ妥当なものだと言えるだろう。

だから、問題はマルクスの転向なのではない。山之内自身の視座が変化した結果、後期マルクスに「経済決定論」や「進化主義」を見いだす「外挿法」が一段と強まったのである。「「人間の真の自然史」なるものが「生命系としての自然の歴史(自然誌つまりbio-history)」と衝突をおこし、人間にとっての生命環境が危うくなっているのが現代ではないだろうか」(山之内、前掲書、四四三頁)、マルクスの将来展望は「いまとなっては、あまりにも人間中心主義的な楽観論であり、文明社会の根源をゆるがせている環境問題あるいは生命系の危機についての、無知の表現だといわざるを得ない」（四五七頁）、といった新稿での発言は、まさにフォスターが批判するディープ・エコロジストの言説そのものだからである。

したがって、フォスターの次のような批判は、そのまま山之内批判としても妥当するだろう。「首尾一貫した唯物論の立場からすれば、問題は人間中心主義対生態系中心主義という対立ではない。実際、こうした二元論は、生物圏の内部における人間存在の現実的な、常に変化しつつある物質的諸条件を理解する上で、全く役に立たない。問題は共進化なのである。哲学的観念論や、より一般的には唯心論のように、エコロジー的価値だけに焦点を当てるやり方は、こうした複雑な関係を理解するのに有効ではない」（フォスター、前掲書、三〇頁）。

実際に「受苦者のまなざし」を特権化する山之内が提起するのは、「世界像の転換」であり「近代科学を超える第二次科学革命」（山之内、前掲書、三八頁）であって、「現実の生活諸関係」の具体的なあり方の問題ではない。大川の次のような文章を、山之内はどう読むだろうか。「ともに悩み苦しむ存在であるのだから、一緒に連帯しましょう、分かり合えるはずでしょう、では、フォイエルバッハが批判したところの、「神々しい、何の欲求もない思想の法悦」にしかなるまい。まして、受苦する存在としての人間の自覚やら決断やらでは、それこそ意識に過剰な期待をした意識至上主義的な、まさにフォイエルバッハによって唾棄されるべき説教にしかなるまい」（大川、前掲書、三七頁）。

四　むすびにかえて

これまで見てきたマルクス論が私たちに提起しているのは、マルクスをどう理解するかという問題だけでなく、そもそも思想史の方法とは何かという問題でもある。ある言説をその歴史的コンテクストに即して内在的に検討し、その言説の同時代的意味を確認したうえで、現代的意義を明らかにすること。それが社会思想史の役割だと私は考えている。

そのためには、歴史上のある人物の言説を前にして、アダム・スミス風に言えば、立場の交換によってその人物に「ついていく」努力をしなければならないし（スミス［2003］）、クエンティン・スキナー風に言えば、その言説を発することにおいてその人物は何をしていたのか、ということを広い文脈から考えなければならない（スキナー［1990］）。いずれにせよ、その人物が語っていない言葉や考え方を「外挿」したり、現代の問題に対する「万能の合い鍵」を性急に求めたりすることなく、読解と歴史研究とを相互に深めていく以外には、近道はないだろう。

その意味で、マルクスの「唯物論」と「自然主義」のコンテクストをめぐって、今後のマルクス研究を基礎づける里程標となるとともに、思想史的なテクスト読解の方法という点でも模範例を示す著作がいくつか現れたことを、二〇〇四年の成果として喜びたい。

あとがき――二〇〇六年のマルクス

最後の章で見てきたように、二〇〇四年は日本のマルクス研究にとって比較的実り豊かな年だった。では、それ以後はどうだろうか。ここでは、二〇〇五年から二〇〇六年にかけてのマルクス論の状況を振り返ることで、あとがきにかえることにしたい。

まず挙げなければならないのは、二〇〇五年一月に刊行が開始された『マルクス・コレクション』全七巻（筑摩書房）である。これは、三島憲一と今村仁司を中心としたグループによる新しい翻訳のシリーズだが、何よりもまずドイツ語からの翻訳の正確さと日本語としての読みやすさという点で優れている。訳者のほとんどは狭い意味でのマルクス研究者ではないが、マルクスの文体の特徴とニュアンスを正確に理解するという点で、信頼できるドイツ語の読み手ばかりである。刊行開始に先立って『現代思想』「総特集マルクス」（二〇〇四年四月臨時増刊号）に掲載された三島憲一の論文「マルクスのレトリック」は、後から思えば、訳者たちの翻訳の基本方針を宣言したものだった。この論文はマルクス論としてもきわめて面白い、いわばマルクス読者にとっての必読文献である。このコレクションでは、たとえばマルクスが別の版で後から加筆した部分を異なる字体で印刷するなど、読みやすくするための工夫もこらされている。難点を挙げるとすれば、注や解説の分量が少ないことだろう。はじめてマルクスを読む読者がマルクスの文章のコンテクストを理解するためには、もう少していねいな説明が必要だったのではないだろうか。その点では、かつて太田出版から刊行された翻訳シリーズの歴史的役割はまだ終わっていないと思う。

二〇〇五年の年末には、山中隆次（1927-2005）の遺稿であるマルクス『パリ手稿――経済学・哲学・社会主義』の翻訳（御茶の水書房）も刊行された。これまで「経済学・哲学草稿」と呼ばれてきた草稿と「経済学ノート」の一部（「ミル評注」）の新しい翻訳だが、アムステルダム国際社会史研究所で現物にあたったうえで長年草稿研究を続けてきた山中が残した研究成果としても重要である。新しい翻訳というものは、新しい読者と新しい読み方を生み出す可能性をもっている。もちろん批判的な読み方も含めて。その意味で、翻訳は多ければ多いほどいいのである。

二〇〇五年五月には今村仁司の『マルクス入門』（ちくま新書）が出た。筑摩書房の『マルクス・コレクション』の副産物の一つだろう。「入門」という名前はついているが入門書としてはやや難解で、むしろ今村が重要だと考えるマルクス思想の論点をコンパクトに提示したものだと見たほうがいい。序章は「さまざまなマルクス像」と題されており、「さまざまなマルクス像」の存在を前提にしたうえで、「既存のマルクス像から自由になり、マルクスの新しい可能性を見出す」ことが目指されている。そして、その中心に描かれるのは、「あらゆるイデオロギーを批判して無神論の位置につねに立とうとする」マルクスの姿である。その意味では、これはいわば「私にとってのマルクス」論の一つである。

そして、そのような「私にとってのマルクス」論の盛況こそが、とりわけ二〇〇六年にはいってからのマルクスをめぐる言説状況の一つの特徴だと言うことができるだろう。二〇〇六年二月には、個人史（自伝）的なマルクス読解の記録である的場昭弘の『マルクスに誘われて――みずみずしい思想を追う』（亜紀書房）が出た。「グローバル化に対抗できる思想」としての「マルクスの再発見」がテーマなのだが、それが「マルクスにのめり込んだ」著者の個人的体験とからませながら論じられるのが特徴で、キーワードは「みずみずしさ」と「新しさ」である。続いて三月には、分析的マルクス主義の立場からマルクスの経済理論の意味を論じた稲葉振一郎・松尾匡・吉原直毅『マルクスの使いみち』（太田出版）が出ている。これは、この三人の討論の記録なのだが、テーマはやはり現代の「資本主義・グローバリズム・市場原理主義」などを批判的にとらえるための思想の再構築であり、「搾取と不平等」（第二章）、「公正と正義」（第三章）などの再定義の試みである。さまざまな社会科学の方法論と対比して「相対化」しながらも、まだまだマルクスには「使いみち」がある、というその表現がわかりやすい。

そしてやはり三月には、四〇年以上前のマルクス論の復刊である吉本隆明の『カール・マルクス』（光文社文庫）までが出た。この文庫版の解説で、中沢新一が「あとにもさきにも、日本にもヨーロッパにも、これほどに深いマルクス論に、私は出会ったことがない」と書いている。これはむしろ中沢の読書体験がどのようなものだったかを物語る言葉だと思うが、私自身も学生時代に小林秀雄のマルクス論（「マルクスの悟達」など）とともに吉本のマルクス論を読んで、かなりの共感を覚えたことを思い出した。吉本の問題意識は、ちょうど彼の新約聖書論（キリスト論）である『マチウ書試論』がそうだったように、マルクスを既成の「党派性」から解放することにあるのだが、本書の第一章でも述べたように、マルクスの読み方の「政治的な正しさ」なるものが存在していた二〇世紀には、一人の生身の人間として、つまり自分にとって等身大の他者として「私にとってのマルクス」を論じるスタイル自体が、一種の反権威的な対抗言説でありえたのであり、それが少なからぬ読者を引きつけることができたのである。

この本が二一世紀の現在になって改めてこのような形で再刊されることは、権威としての「正統」マルクス主義が思想的に完全に消滅してしまったために、「私にとってのマルクス」を論じるというスタイルそのものがもはや対抗言説としての意味を失い、むしろ主流の地位についてしまったということを意味するのかもしれない。つまり、誰もが自由に自分にとってのマルクスの「意味」や「使いみち」を考え、論じればいいのである。そのこと自体は、二〇世紀のマルクスが置かれていた状況に比べれば、はるかにまともな好ましい状況だろう。「私にとってのマルクス」論もまた、翻訳と同じように多ければ多いほどいいのである。それだけ、いわば議論の余地も広がるのだから。

ただし、これもすでに本書で繰り返し述べてきたように、一九世紀のマルクスを考えるということは、それとはまた別のことである。その場合には、マルクスの置かれた歴史的・思想史的コンテクストをできるかぎり明らかにし、マルクスの発言のもつ歴史的意味をできるかぎり特定していく必要がある。そのことによってマルクスの思想の意義と限界の両方を、できるかぎり正確に歴史の中に位置づけていく必要がある。そうすることによってはじめて、一九世紀とは異なる、私たちが置かれている二一世紀の歴史的現実に即して、「私にとってのマルクス」の意味を考えることができるし、必要ならば改めてマルクスの「使いみち」を冷静に考えることができるだろう。そしてその「使いみち」をめぐる議論そのものの水準を上げることができるだろう。

社会思想史的なマルクス論とは、そのような意味において、ひとまず歴史的な「等身大」のマルクスを描き出そうとするものである。本書が目指したのは、そのような「一九世紀のマルクス」への接近の道筋を少しでも明確にすることであった。しかし、その全体像を明らかにするためには、地道な歴史的研究をさらに少しずつ続けていくほかはないだろう。

＊

本書をこのような形で出版することができたのは、私の仕事に関心をもってくれていた新泉社編集部の安喜健人さんのおかげである。最初に安喜さんから連絡をもらったのは三月の半ばだったが、三月の末から半年間の予定で私がハイデルベルク大学での在外研究に出かけてしまったために、それからはメールだけでなく、原稿や校正刷もまた海を越え、空を飛んで日本とドイツの間を行き来することになった。安喜さんには余計な手間と苦労をおかけすることになったことをお詫びするとともに、ひとかたならぬお世話になったことに改めて心から御礼申し上げたい。

本書は『マルクスを読む』（青土社、二〇〇一年）以後にいくつかの雑誌や研究年報などに掲載されたマルクス論を中心にして編集されたものである。ただし、安喜さんのアドバイスにしたがって第一章と第二章の初出原稿には大幅に加筆し、第三章では引用をかなり追加し、さらに第六章の結論部分と第十章の冒頭部分にも手を加えた。そのほかの章は、一冊の本としての体裁を整えるために引用の形式や注記を統一するなどの手を加えてあるが、内容的には大きな変更はない。

本書は結局ハイデルベルクで仕上げられることになったが、最初のうち困ったのが、マルクスのテクストの日本語訳を参照し確認する作業をどうしたらいいかということだった。だから、ハイデルベルク大学東アジア研究センター日本学研究所の書棚に大月書店版『マルクス・エンゲルス全集』が並んでいるのを発見したときには、感動すらおぼえた。私が手にした『全集』には熊本大学付属図書館の蔵書印が押してある。ハイデルベルクと熊本が姉妹提携都市であることは知っていたが、それがこんな形で現れているとは予想しなかった。熊本大学は私が関西大学に移るまで一三年間勤務していた大学であり、その蔵書をここドイツの地で手にするのは不思議な感覚だったが、これはほんとうに役に立った。その意味で、熊本大学とハイデルベルク大学に、そして私を客員研究員として快く受け入れてくれたヴォルフガング・ザイフェルト教授に、ここで改めて感謝の意を表したい。

二〇〇六年八月一五日

植村邦彦

初出一覧

第一章「二一世紀にマルクスを再読する意味について」 季報『唯物論研究』第九二号、二〇〇五年五月
第二章「フォイエルバッハ・テーゼを解釈するということ」『情況』第三期第二巻第六号、二〇〇一年七月
第三章「マルクスにおける歴史のアクチュアリティについて」『社会思想史研究』第二六号、二〇〇二年九月
第四章「社会の建築術――「土台と上部構造」という隠喩の系譜」『現代思想』第三〇巻第一五号、二〇〇二年一一月
第五章「重層的決定と偶然性――あるいはアルチュセールの孤独」 関西大学『経済論集』第五四巻第三・四合併号、二〇〇四年一一月
第六章「新しい「帝国」概念の有効性――ハートとネグリの『帝国』をめぐって」 関西大学経済・政治研究所研究双書第一三二冊『多元的経済社会の展開』二〇〇三年三月
第七章「ドイツ初期社会主義と経済学」 経済学史学会編『経済学史――課題と展望』九州大学出版会、一九九二年
第八章「マルクス、エンゲルス」 田中敏弘編著『経済学史』八千代出版、一九九七年
第九章「自由時間とアソシアシオン」 高哲男編『自由と秩序の経済思想史』名古屋大学出版会、二〇〇二年
第十章「五つのマルクス論」『現代思想』第二九巻第一五号（臨時増刊）、二〇〇一年一一月
第十一章「マルクス研究の現在」『経済学史学会年報』第四五号、二〇〇四年六月
第十二章「唯物論と自然主義をめぐって――二〇〇四年のマルクス」『社会思想史研究』第二九号、二〇〇五年九月

参考文献

1　マルクスの著作

マルクスの著作は手紙やノート類も含めてそのほとんどすべてが翻訳されており、『マルクス・エンゲルス全集』全四九巻（大月書店、一九五九―一九九一年）と『マルクス資本論草稿集』全九巻（大月書店、一九七八―一九九三年）に収められている。

マルクスに関する研究書は膨大な量に上るが、マルクスの思想の全体像とその歴史的意義を簡潔に示したものとして、内田義彦『資本論の世界』（岩波新書、一九六六年）が今でも最良の入門書である。マルクスの時代や生涯、諸著作の内容、思想の現代的意味などを項目ごとに解説したものとしては、『アエラムック　マルクスがわかる。』（朝日新聞社、一九九九年）がわかりやすい。自分でマルクスを読んでいて、よくわからない用語や知らない人名などにぶつかった場合には、『マルクス・カテゴリー事典』（青木書店、一九九八年）と『新マルクス学事典』（弘文堂、二〇〇〇年）が役に立つ。

Marx, Karl (1843), Marx an Ruge im September 1843, in: Karl Marx und Friedrich Engels, *Gesamtausgabe* [*MEGA*, Berlin: Dietz/Akademie Verlag, 1975-], I/2. 花田圭介訳「『独仏年誌』からの手紙」『マルクス・エンゲルス全集』（大月書店、一九五九―一九九一年）第一巻

――― (1844a), *Zur Judenfrage*, in: *MEGA*, I/2. 城塚登訳『ユダヤ人問題によせて』岩波文庫、一九七四年

――― (1844b), Ökonomisch-philosophische Manuskripte, in: *MEGA*, I/2. 城塚登他訳『経済学・哲学草稿』岩波文庫、一九六四年

――― (1845a), Die heilige Familie, in: Karl Marx und Friedrich Engels, *Weke* [*MEW*, Berlin: Dietz Verlag, 1956-

1990], Bd.2. 石堂清倫訳「聖家族」『全集』第二巻
――― (1845b), Thesen über Feuerbach, in: *MEW*, Bd.3. 真下真一訳「フォイエルバッハにかんするテーゼ」『全集』第三巻
――― (1845-46), *Die deutsche Ideologie*, Bd.1, hrsg. von Wataru Hiromatsu, Tokio: Kawade Shobo Shinsha, 1974. 廣松渉編訳『ドイツ・イデオロギー』河出書房新社、一九七四年
――― (1846), Marx an Pawel Wassiljewitsch Annenkow, 28. Dezember 1846, in: *MEGA*, III/2. 岡崎次郎訳「マルクスからアンネンコフへの手紙」『全集』第四巻
――― (1848), Manifest der Kommunistischen Partei, in: *MEW*, Bd.4. 金塚貞文訳『共産主義者宣言』太田出版、一九九三年
――― (1852a), Der 18. Brumaire des Louis Bonaparte, in: *MEGA*, I/11. 植村邦彦訳『ルイ・ボナパルトのブリュメール一八日』太田出版、一九九六年
――― (1852b), The Election-Tories and Whigs, 21.Aug.1852, in: *MEGA*, I/11. 土屋保男訳「イギリスの選挙――トーリ党とウィッグ党」『全集』第八巻
――― (1853a), Elections - Financial Clouds-The Duchess of Sutherland and Slavery, 9.Feb.1853, in: *MEGA*, I/12. 鎌田武治訳「選挙――金融の雲ゆき悪化――サザランド公爵夫人と奴隷制度」『全集』第八巻
――― (1853b), Revolution in China and in Europe, 14.Jun.1853, in: *MEGA*, I/12. 鈴木正四訳「中国とヨーロッパにおける革命」『全集』第九巻
――― (1853c), The Future Results of British Rule in India, 8.Aug.1853, in: *MEGA*, I/12. 鈴木正四訳「イギリスのインド支配の将来の結果」『全集』第九巻
――― (1857a), Defeat of the Palmerston ministry, 25.Mar.1857, in: Karl Marx/Friedrich Engels, *Collected Works* [*MECW*, London: Lawrence and Wishart, 1975-], Vol.15. 土屋保男訳「パーマストン内閣の敗北」『全集』第一二巻

——— (1857b), The Bank Act of 1844 and the Monetary Crisis in England, 21.Nov.1857, in: *MECW,* Vol.15. 三宅義夫訳「一八四四年の銀行法とイギリスの貨幣恐慌」『全集』第一二巻

——— (1857-58), Grundrisse der Kritik der politischen Ökonomie, in: *MEGA,* II/1. 資本論草稿集翻訳委員会訳『マルクス資本論草稿集（1・2)』大月書店、一九七八／一九九三年（この訳書には参照した原書の頁数が併記されているので、原則として引用の際に訳書の頁数を付記しなかった。)

——— (1859), Zur Kritik der politischen Ökonomie, in: *MEGA,* II/2. 杉本俊朗訳「経済学批判」『全集』第一三巻

——— (1863-65), Das Kapital (Ökonomisches Manuskript 1863-1865), Buch 1, in: *MEGA,* II/4.

——— (1867), Das Kapital, Bd.1, in: *MEGA,* II/5. 岡崎次郎訳「資本論」『全集』第二三巻

——— (1869), Report of the General Council on the Right of Inheritance, in: *MECW,* Vol.21. 村田陽一訳「相続権についての総評議会の報告」『全集』第一六巻

——— (1871), The Civil War in France. Address of the General Council of the International Working Men's Association, in: *MEGA,* I/22. 村田陽一訳「フランスにおける内乱」『全集』第一七巻

——— (1872), Das Kapital, Bd.1, 2. Aufl., in: *MEGA,* II/6. 岡崎次郎訳「資本論」『全集』第二三巻

——— (1875), Randglossen zum Programm der deutschen Arbeiterpartei, in: *MEGA,* I/25. 村田陽一訳「ゴータ綱領批判」『全集』第一九巻

——— (1894), Das Kapital, Bd.3, in: *MEW,* Bd.25. 岡崎次郎訳「資本論」『全集』第二五巻（この訳書には参照した原書の頁数が併記されているので、引用の際に訳書の頁数を付記しなかった。)

Marx, Karl and Frederick Engels (1998a), *The Communist Manifesto: A Modern Edition,* with an introduction by Eric Hobsbawm, London: Verso.

Marx, Karl et Friedrich Engels (1998b), *Manifeste du Parti communiste,* Traduction de Laura Lafargue, precede de Lire le Manifeste par Claude Mazauric, Paris: EJL.

Marx, Karl and Frederick Engels (1999), *The Communist Manifesto,* edited with an introduction by John Edward Toews, Boston: Bedford, St. Martin's.
——— (2002) *The Communist Manifesto,* with an introduction and notes by Gareth Stedman Jones, London: Penguin.

2　その他の参照文献

Althusser, Louis (1965), *Pour Marx,* Paris: Maspero. Réimpression, Paris: La Découvert, 1996. 河野健二他訳『マルクスのために』平凡社ライブラリー、一九九四年
——— (1968), *Lire le Capital,* nouvelle édition, tome II, Paris: Maspero. 今村仁司訳『資本論を読む』（全三巻）ちくま学芸文庫、一九九七年
——— (1992), *L'avenir dure longtemps suivi de Les faits,* Paris: Stock/IMEC. 宮林寛訳『未来は長く続く――アルチュセール自伝』河出書房新社、二〇〇二年
——— (1993), *Écrits sur la psychoanalyse. Freud et Lacan,* Paris: Stock/IMEC. 石田靖夫他訳『フロイトとラカン――精神分析論集』人文書院、二〇〇一年
——— (1994), *Écrits philosophiques et politiques,* tome I, Paris: Stock/IMEC. 市田良彦・福井和美訳『哲学・政治著作集I』藤原書店、一九九九年
——— (1995), *Écrits philosophiques et politiques,* tome 2, Paris: Stock/IMEC. 市田良彦他訳『哲学・政治著作集II』藤原書店、一九九九年
——— (1998), *Solitude de Machiavel,* Paris: PUF. 福井和美訳『マキャヴェリの孤独』藤原書店、二〇〇一年
Amin, Samir (1973), *Le développement inégal: Essai sur les formes sociales du capitalisme périphèrique,* Paris: Les Éditions de Minuit. 西川潤訳『不均等発展』東洋経済新報社、一九八三年

Antonio, Robert ed. (2003), *Marx and Modernity: Key Readings and Commentary,* London: Blackwell.

Arthur, Christopher J. (2002), *The New Dialectic and Marx's Capital,* Leiden: Brill.

Artous, Antoine (1999), *Marx, l'État et la Politique,* Paris: Éditions Syllepse.

Avineri, Shlomo (1985), *Moses Hess: Prophet of Communism and Zionism,* New York: New York University Press.

Balibar, Étienne (1991), *Écrits pour Althusser,* Paris: La Découverte. 福井和美訳『ルイ・アルチュセール』藤原書店、一九九四年

——— (1998), *Droit de cité: Culture et politique en démocratie,* Paris: Éditions de l'Aube. 松葉祥一訳『市民権の哲学』青土社、二〇〇〇年

Balibar, Étienne et Gerard Paulet eds. (2001), *Marx democrate: le manuscrit de 1843,* Paris: Presses universitaires de France.

Bensaid, Daniel (2001), *Passion Karl Marx: les hieroglyphes de la modernité,* Paris: Textuel.

Bentham, Jeremy (1995), *The Panopticon Writings,* London: Verso.

Bidet, Jacques et Eustache Kouvelakis eds. (2001), *Dictionaire Marx contemporain,* Paris: Presses universitaires de France.

Breckman, Warren (1999), *Marx, the young Hegelians, and the Origins of Radical Social Theory: Dethroning the Self,* Cambridge: Cambridge University Press.

Brudney, Daniel (1998), *Marx's Attempt to leave Philosophy,* Cambridge, Mass.: Harvard University Press.

Burkett, Paul (1999), *Marx and Nature: A Red and Green Perspective,* London: Macmillan.

Carver, Terrell (1998), *The postmodern Marx,* Manchester: Manchester University Press.

Cowling, Mark ed. (1998), *The Communist Manifesto: New Interpretation,* Edinburgh: Edinburgh University Press.

Desai, Meghnad (2002), *Marx's Revenge: The Resurgence of Capitalism and the Death of Statist Socialism,* London:

Verso.
Eagleton, Terry (1991), *Ideology: An Introduction,* London: Verso. 大橋洋一訳『イデオロギーとは何か』平凡社、一九九六年
Elliott, Gregory (1993), Althusser's Solitude, in: *The Althusserian Legacy,* edited by E. Ann Kaplan and Michael Sprinker, London: Verso.
Engels, Friedrich (1844), Umrisse zu einer Kritik der Nationalökonomie, in: *MEW,* Bd.1. 平木恭三郎訳「国民経済学批判大綱」『全集』第一巻
——— (1878), Anti-Dühring, in: *MEGA,* I/27. 村田陽一訳「オイゲン・デューリング氏の科学の変革（反デューリング論）」『全集』第二〇巻
——— (1883), Das Begräbniß von Karl Marx, in: *MEGA,* I/25. 土屋保男訳「カール・マルクスの葬儀」『全集』第一九巻
——— (1885), Vorrede zur dritten Auflage, in: *MEW,* Bd.21. 村田陽一訳「第三版への序文」『全集』第二一巻
——— (1888), Ludwig Feuerbach und der Ausgang der klassischen deutschen Philosophie, in: *MEW,* Bd.21. 藤川覚訳「ルートヴィヒ・フォイエルバッハとドイツ古典哲学の終結」『全集』第二一巻
——— (1890), Engels an Joseph Bloch vom 21. Sept. 1890, in: *MEW,* Bd.37.
Ferguson, Adam (1966), *An Essay on the History of Civil Society,* Edinburgh: Edinburgh University Press.
Filmer, Robert (1991), *Patriarcha and Other Writings,* Cambridge: Cambridge University Press.
Foster, John Bellamy (2000), *Marx's Ecology: Materialism and Nature,* New York: Monthly Review Press. 渡辺景子訳『マルクスのエコロジー』こぶし書房、二〇〇四年
Foucault, Michel (1975), *Surveiller et punir: naissance de la prison,* Paris: Gallimard. 田村俶訳『監獄の誕生――監視と処罰』新潮社、一九七七年

——(1976), *Histoire de la sexualité 1. La volonté de savoir*, Paris: Gallimard. 渡辺守章訳『性の歴史Ⅰ　知への意志』新潮社、一九八六年

Fraser, Ian (1998), *Hegel and Marx: The Concept of Need*, Edinburgh: Edinburgh University Press.

Freud, Sigmund (1972; 1999), Die Traumdeutung, in: *Studienausgabe*, Bd.II, Frankfurt am Main: Fischer. Auch in: *Gesammelte Werke*, Bd.II/III, London: Imago Publishing, 1942. Nachdruck, Frankfurt am Main: Fischer Taschenbuch Verlag, 1999. 高橋義孝訳『フロイト著作集』第二巻、人文書院、一九六八年

Gould, Stephen Jay (1989), *Wonderful Life: The Burgess Shale and the Nature of History*, New York: Norton. 渡辺政隆訳『ワンダフル・ライフ』ハヤカワ文庫、二〇〇〇年

Habermas, Jurgen (1976), *Zur Rekonstruktion des Historischen Materialismus*, Frankfurt am Main: Suhrkamp. 清水多吉監訳『史的唯物論の再構成』法政大学出版局、二〇〇〇年

Haefelin, Jürg (1986), *Wilhelm Weitling: Biographie und Theorie. Der Zürcher Kommunistenprozess von 1843*, Bern: Lang.

Hardt, Michael and Antonio Negri (2000), *Empire*, Cambridge, Massachusetts: Harvard University Press. 水嶋一憲他訳『〈帝国〉』以文社、二〇〇三年

Harrington, James (1992), *The Commonwealth of Oceana and A System of Politics*, Cambridge: Cambridge Univertsity Press.

Hegel, Georg Wilhelm Friedrich (1821＝1970), Grundlinien der Philosophie des Rechts, in: *Werke in zwanzig Bänden*, Bd.7, Frankfurt am Main: Suhrkamp. 藤野渉・赤澤正敏訳「法の哲学」『世界の名著　ヘーゲル』中央公論社、一九六七年

——(1837＝1970), Vorlesungen über die Philosophie der Geschichte, in: *Werke*, Bd.12, Frankfurt am Main: Suhrkamp. 長谷川宏訳『歴史哲学講義』岩波文庫、一九九四年

Hess, Moses (1975), Über das Geldwesen, in: *Rheinische Jahrbücher zur gesellschaftlichen Reform,* Hrsg. von Hermann Püttman, Bd.1, Darmstadt 1845. Nachdruck, Glashütten im Taunus: Auvermann.

Hildebrand, Bruno (1922), *Die Nationalökonomie der Gegenwart und Zukunft,* Frankfurt am Main 1848. Neudruck, Jena: Cotta.

Hobbes, Thomas (1996), *Leviathan,* Cambridge: Cambridge Univertsity Press. 水田洋訳『リヴァイアサン（一）』岩波文庫、一九九二年

Jay, Martin (1984), *Marxism and Totality,* Berkeley and Los Angeles: University of California Press. 荒川磯男他訳『マルクス主義と全体性』国文社、一九九三年

King James VI and I (1994), Speech to parliament of 19 March 1604, in: *Political Writings,* Cambridge: Cambridge Univertsity Press.

Knatz, Lothar (1984), *Utopie und Wissenschaft im Frühen Deutschen Sozialismus,* Frankfurt am Main: Peter Lang.

Kurz, Robert ed. (2000), *Marx lesen: die wichtigsten Texte von Karl Marx für das 21. Jahrhundert,* Frankfurt am Main: Eichborn.

Lacascade, Jean-Louis (2002), *Les metamorphoses du jeune Marx,* Paris: Presses universitaires de France.

Leber, Stefan (1987), *"...es mußten neue Götter hingesetzt warden". Menschen in der Entfremdung: Marx und Engels, Cieszkowski, Bauer, Hess, Bakunin und Stirner,* Stuttgart: Verlag Freies Geistesleben.

MacGregor, David (1998), *Hegel and Marx after the fall of Communism,* Cardiff: University of Wales Press.

Macpherson, C.B. (1962), *The Political Theory of Possessive Individualism,* Oxford: Oxford Univertsity Press. 藤野渉他訳『所有的個人主義の政治理論』合同出版、一九八〇年

Marsiske, Hans Arthur (1986), *Wider die Umsonstfresser. Der Handwerkerkommunist Wilhelm Weitling,* Hamburg: Ergebnisse.

Mercier-Josa, Solange (1999), *Entre Hegel et Marx: Points cruciaux de la philosophie hégélienne du droit,* Paris: L' Harmattan.

Munck, Ronaldo (2000), *Marx@2000: Late Marxist perspectives,* London: Macmillan.

Na'aman, Shlomo (1982), *Emanzipation und Messianismus: Leben und Werk des Moses Hess,* Frankfurt am Main: Campus.

Negri, Antonio (1979), *Marx au-delà de Marx: Cahiers de travail sur les "Grundrisse",* traduit de l'italien par Roxane Silberman, Paris: Christian bourgois editeur.

Nimtz, August H. (2000), *Marx and Engels: Their Contribution to the Democratic Breakthrough,* New York: State University of New York Press.

Pierson, Christopher ed. (1997), *The Marx reader,* London: Polity Press.

Pocock, J.G.A. (1977), Historical Introduction, in: *The Political Works of James Harrington,* edited by J.G.A.Pocock, Cambridge: Cambridge University Press.

Raines, John ed. (2002), *Marx on religion,* Philadelphia: Temple University Press.

Renton, David ed. (2001), *Marx on globalisation,* London: Lawrence and Wishart.

Rockmore, Tom (2002), *Marx after Marxism: The philosophy of Karl Marx,* London: Blackwell.

Roscher, W.G.F. (1843), *Grundriss zu Vorlesungen über die Staatwirthschaft nach geschichtlicher Methode,* Göttingen: Verlag der Dieterichschen Buchhadlung.

Rosen, Zwi (1983), *Moses Hess und Karl Marx. Ein Beitrag zur Entstehung der Marxschen Theorie,* Hamburg: Christians.

Rosenthal, John (1998), *The Myth of Dialectics: Reinterpreting the Marx-Hegel Relation.* London: Macmillan.

Rousseau, Jean-Jacques (1964), Discours sur l'origine et les fondemenents de l'inégalité parmi les hommes, in: *Œuvres*

compêtes, tome III, Paris: Gallimard. 本田喜代治他訳『人間不平等起源論』岩波文庫、一九七二年
Sassen, Saskia (1996), *Losing Control? Sovereignty in an Age of Globalization,* New York: Columbia University Press. 伊豫谷登士翁訳『グローバリゼーションの時代』平凡社、一九九九年
Schöler, Uli (1999), *Ein Gespenst verschwand in Europa: Über Marx und die sozialistische Idee nach dem Scheitern des sowjetischen Staatssozialismus,* Bonn: Dietz Nachfolger.
Smith, Adam (1978), *Lectures on Jurisprudence,* Oxford: Clarendon Press.
Sullivan, Stefan (2002), *Marx for a Post-Communist Era: On Poverty, Corruption, and Banality,* London: Routledge.
Szporluk, Roman (1988), *Communism and Nationalism: Karl Marx versus Friedrich List,* New York: Oxford University Press.
Vincent, Jean-Marie (2001), *Un autre Marx: Après les marxismes,* Lausanne: Éditions Page deux.
Wallerstein, Immanuel (1974), *The Modern World-system I,* San Diego: Academic Press. 川北稔訳『近代世界システムI』岩波書店、一九八一年
——— (1995), *After Liberalism,* New York: The New Press. 松岡利道訳『アフター・リベラリズム』藤原書店、一九九七年
——— (1999), *The End of the World as We Know It: Social Science for the Twenty-First Century,* Minneapolis: University of Minnesota Press. 山下範久訳『新しい学』藤原書店、二〇〇〇年
Waszek, Norbert (1988), *The Scottish Enlightenment and Hegel's Account of 'Civil Society',* Dordrecht: Kluwer Academic Publishers.
Webb, Darren (2000), *Marx, Marxism and Utopia,* Aldershot, Burlington, Vt.: Ashgate.
Weitling, Wilhelm (1974), *Garantien der Harmonie und Freiheit,* Vivis 1842, Neudruck, Stuttgart: Reclam.
Wolff, Jonathan (2002), *Why read Marx today?,* New York: Oxford University Press.

浅野俊哉（2001）「『帝国（Empire）』とスピノザ」『現代思想』七月号
アーレント、ハンナ（2002）『カール・マルクスと西欧政治思想の伝統』佐藤和夫編、アーレント研究会訳、大月書店
石塚正英（1983）『三月前期の急進主義』長崎出版
――（1991）『社会思想の脱―構築』世界書院
今村仁司編（2001）『思想読本　マルクス』作品社
植村邦彦（1990）『シュルツとマルクス――「近代」の自己認識』新評論
――（1993）『同化と解放――十九世紀「ユダヤ人問題」論争』平凡社
――（1996）「社会主義体制の崩壊とマルクス思想」『経済学史学会年報』第三四号
――（2001）『マルクスを読む』青土社
内田弘（1992）「最近の『資本論』形成史」『経済学史学会年報』第三〇号
――（2001）「マルクス研究の現状と二一世紀的課題」『経済学史学会年報』第三九号
内田義彦（1966）『資本論の世界』岩波新書
大川正彦（2004）『マルクス――いま、コミュニズムを生きるとは？』NHK出版
大村泉（1998a）『新MEGAと「資本論」の成立』八朔社
――（1998b）「『資本論』成立史研究の新段階」『経済学史学会年報』第三六号
柄谷行人他（1999）『マルクスの現在』とっても便利出版部
工藤秀明（1997）『原・経済学批判と自然主義』千葉大学研究叢書
――（2001）「書評：John B. Foster, *Marx's Ecology: Materialism and Nature*, New York: Monthly Review Press, 2000.」『経済学史学会年報』第四〇号
椎名重明（1976）『農学の思想――マルクスとリービヒ』東京大学出版会
篠原敏昭・石塚正英編（1998）『共産党宣言――解釈の革新』御茶の水書房

渋谷正編訳（1998）『草稿完全復元版ドイツ・イデオロギー』新日本出版社
スウィフト、ジョナサン（1980）『ガリヴァー旅行記』平井正穂訳、岩波文庫
スキナー、クエンティン（1990）『思想史とはなにか――意味とコンテクスト』半沢孝麿・加藤節訳、岩波書店
杉村昌昭・栗原幸夫・矢部史郎（2002）「アントニオ・ネグリをめぐる鼎談」『情況』五月号
スミス、アダム（2003）『道徳感情論』水田洋訳、岩波文庫
千賀重義（1994）「欧米における最近のマルクス経済学の展開――現代資本主義論と価値論争に関わって」『経済学史学会年報』第三二号
田畑稔（2004）『マルクスと哲学――方法としてのマルクス再読』新泉社
近田錠二（1985）「ルートヴィヒ・ガルの協同思想――ドイツ近代化と社会改革」『名古屋大学経済科学』第三二巻第三号
手塚真（1983-84）「三月前期の自由主義について――ロテックとヴェルカー編『国家事典』を中心に（上・下）」『立教経済学研究』第三七巻第二号／第三七巻第三号
寺田光雄（1986）『内面形成の思想史――マルクスの思想性』未來社
中西毅（1983-84）「ヘーゲルの「シュテンデ」論とF・リスト（上・下）」『立教経済学研究』第三七巻第二号／第三七巻第四号
ネグリ、アントニオ（1999）『構成的権力』杉村昌昭・斉藤悦則訳、松籟社
ハート、マイケル／トーマス・ダム（2001）水嶋一憲訳「主権、マルティテュード、絶対的なデモクラシー」『現代思想』七月号
バリバール、エティエンヌ（1995）『マルクスの哲学』杉山吉弘訳、法政大学出版局
平田清明（1980-83）『コンメンタール資本』全四巻、日本評論社
平田雅博（1999）「いま　なぜ「帝国意識」か」、北川勝彦・平田雅博編『帝国意識の解剖学』世界思想社
平野千果子（2001）「フランス人の植民地問題をめぐる記憶」、三浦信孝編『普遍性か差異か』藤原書店

廣松渉編訳、小林昌人補訳（2002）『新編輯版ドイツ・イデオロギー』岩波文庫
藤原帰一（2002）『デモクラシーの帝国』岩波新書
古矢旬（2002）『アメリカニズム――「普遍国家」のナショナリズム』東京大学出版会
ブロッホ、エルンスト（1982）『希望の原理』山下肇他訳、全三巻、白水社
――（1998）『マルクス論』船戸満之・野村美紀子訳、作品社
正木八郎（1997）「マルクス商品・貨幣論研究の現段階」『経済学史学会年報』第三五号
増田一夫（1997）「帝国の地平」、山内昌之・増田一夫・村田雄二郎編『帝国とは何か』岩波書店
的場昭弘（2004）『マルクスを再読する――〈帝国〉とどう闘うか』五月書房
村上俊介（1983）「カール・グリュンにおけるプルードン主義――マルクスとの対立に即して」『専修大学北海道短期大学紀要』第一六号
――（1987）「一八四七／四八年のカール・グリュン」『専修経済学論集』第二二巻第一号
望月清司他（1982）『マルクス　著作と思想』有斐閣新書
山中隆次（1982）「イギリス経済学とドイツ哲学――ヘーゲル」、宮崎犀一・山中隆次編『市民的世界の思想圏』新評論
山之内靖（2004）『受苦者のまなざし――初期マルクス再興』青土社
良知力（1971）『マルクスと批判者群像』平凡社
ルカーチ、ジェルジ（1991）『歴史と階級意識』城塚登・古田光訳、白水社
ルクセンブルク、ローザ（1952-55）『資本蓄積論』長谷部文雄訳、全三巻、青木文庫

著者略歴

植村邦彦（うえむら・くにひこ）

1952年　愛知県生まれ
1981年　一橋大学大学院博士課程修了（社会学博士）
現　在　関西大学経済学部教授（社会思想史）
著　書　『アジアは〈アジア的〉か』（ナカニシヤ出版，2006年）
『「近代」を支える思想――市民社会・世界史・ナショナリズム』（ナカニシヤ出版，2001年）
『マルクスを読む』（青土社，2001年）
『同化と解放――19世紀「ユダヤ人問題」論争』（平凡社，1993年）
『シュルツとマルクス――「近代」の自己認識』（新評論，1990年）
訳　書　マルクス『ルイ・ボナパルトのブリュメール一八日』（太田出版，1996年）

マルクスのアクチュアリティ――マルクスを再読する意味

2006年10月20日　第1刷発行

著　者＝植村邦彦
発行所＝株式会社 新 泉 社
東京都文京区本郷2－5－12
振替・00170-4-160936番　TEL 03(3815)1662　FAX 03(3815)1422
印刷・創栄図書印刷　製本・榎本製本

ISBN 4-7877-0609-8　C1010

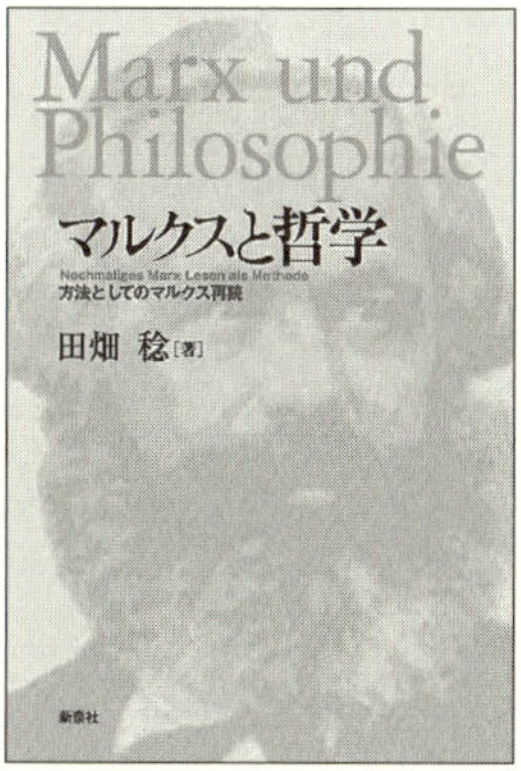

マルクスと哲学
——方法としてのマルクス再読

田畑 稔［著］

A 5 判上製・552 頁・定価 4500 円十税

〈もう一度〉マルクスを読む試み.
21世紀の現実への，思想の通路をラディカルに再敷設するために——．19世紀のマルクスに徹底内在し，哲学に対するマルクスの関係を系統立てて読み解くなかで，「マルクス主義哲学」の鎧を取り除き，彼の思想が持つ現代的意味と未来へとつなぐ途を考察する.
マルクス像の根本的変革を唱え，各方面から高く評価された前著『マルクスとアソシエーション』(新泉社，1994年)に続く，著者渾身の原典再読作業．2004年刊.

〔目次より〕
第 1 章［哲学］哲学に対するマルクスの関係／第 2 章［意識］マルクス意識論の端初規定／第 3 章［構想力］解放論的構想力と実在的可能性／第 4 章［唯物論］「哲学の〈外への〉転回」の途上で／第 5 章［移行 1］唯物論へのマルクスの移行／第 6 章［移行 2］パリ期マルクスと仏英の唯物論的共産主義／第 7 章［批判］マルクスと「批判的唯物論的社会主義」／第 8 章［物件化］唯物論批判の論理と「物件化」／第 9 章［国家］マルクス国家論の端初規定／補論 1［エンゲルス］エンゲルスによる「哲学の根本問題」導入の経緯／補論 2［国家哲学］東ドイツ哲学の歴史的検証／カール・マルクス略年譜／人名解説・索引

ルイス・マンフォード 著
関 裕三郎 訳

新版 ユートピアの系譜
——理想の都市とは何か

四六判上製・324 頁・定価 3200 円十税

混沌として希望の持てない時代にこそ，人類は“理想の世界”を思い描き，実現しようとしてきた．プラトンの『国家』から説き起こし，近代にいたるまでの代表的なユートピア論，ユートピア文学を克明に分析し，現実を再建するための“理想”とは何かを考える古典的労作.

渡辺政治経済研究所 編
脇浜義明 訳

オルタナティブな社会主義へ
——スイージーとアミン，未来を語る

四六判・256 頁・定価 1800 円十税

資本主義の行きづまりによる不安が民衆に重くのしかかっているが，これを解決する方途を誰も明示しえていない．ポール・スイージー，サミール・アミンの2人にインタビューを行い，現存した社会主義の経験をふまえ，「オルタナティブな社会主義」の可能性の在処を探る.

季報『唯物論研究』編集部 編

証言・唯物論研究会事件と天皇制

四六判・296 頁・定価 1845 円十税

日中戦争が泥沼化していった 1938 年 11 月，戸坂潤や永田廣志ら「唯物論研究会」の主要メンバーが，治安維持法違反で検挙された．「横浜事件」とならぶ戦中の天皇制国家による思想弾圧事件「唯研事件」の全貌を，当時の関係者たちの証言やインタビューで明らかにする.